AF417249

कविता और शायरी VOL - 5

श्रीराज मेनन

Copyright © Shreeraj Menon
All Rights Reserved.

This book has been published with all efforts taken to make the material error-free after the consent of the author. However, the author and the publisher do not assume and hereby disclaim any liability to any party for any loss, damage, or disruption caused by errors or omissions, whether such errors or omissions result from negligence, accident, or any other cause.

While every effort has been made to avoid any mistake or omission, this publication is being sold on the condition and understanding that neither the author nor the publishers or printers would be liable in any manner to any person by reason of any mistake or omission in this publication or for any action taken or omitted to be taken or advice rendered or accepted on the basis of this work. For any defect in printing or binding the publishers will be liable only to replace the defective copy by another copy of this work then available.

क्रम-सूची

क्रम-सूची

क्रम-सूची

क्रम-सूची

क्रम-सूची

भूमिका

पुस्तक में लेखक द्वारा लिखित हिंदी कविताएँ और शायरी शामिल हैं। इसमें कविताएं, शायरी और प्रेरणादायक उद्धरण शामिल हैं।

इस पुस्तक में लेखक द्वारा लिखी गई कुछ कविताएँ और शायरियाँ हैं जो प्रेम, प्रकृति और जीवन के सामान्य दैनिक पहलुओं पर आधारित हैं। कुछ प्रेरक प्रसंग भी हैं। प्यार में पाया गया प्यार, खोया हुआ प्यार और फिर से जगा हुआ प्यार शामिल है। इसी तरह, प्रकृति में प्रकृति का महत्व है और लोग बिना किसी दुष्प्रभाव के प्रकृति का अपने फायदे के लिए दुरुपयोग करते हैं। सामान्य में जीवन के सामान्य पहलू होते हैं जो लोगों और परिवेश के साथ चलते हैं।

पावती (स्वीकृति)

मैं अपने उन दोस्तों को धन्यवाद देना चाहता हूं जिन्होंने मुझे कविताएं और शायरी लिखने के लिए प्रेरित किया, जिसे मैं कहता था और भूल जाता था। मैं Your Quote प्लेटफॉर्म और उसके सभी सदस्यों और समूहों को भी धन्यवाद देना चाहता हूं जिन्होंने मुझे अनुमति दी और मुझे इसके मंच पर अपनी सामग्री लिखने के लिए प्रेरित किया। मैं नोशन प्रेस और उसके सभी सदस्यों को भी धन्यवाद देना चाहता हूं जिन्होंने मुझे अपनी सामग्री को अपने मंच और समय-समय पर मार्गदर्शन के माध्यम से प्रकाशित करने की अनुमति दी, जो उन्होंने मुझे मेरी त्रुटियों को ठीक करने के लिए दिया।

1. तेरा आशिक...

काव्य प्रतियोगिता (दो पंक्तियों में)
तेरा आशिक...
आया हूँ मैं तेरा आशिक प्यार का नज़राना लेकर
इज़हार-ए-मोहब्बत का इंतज़ार है मुझें तुमसे
— Raj
12/02/2021

2. मेरा वजूद...

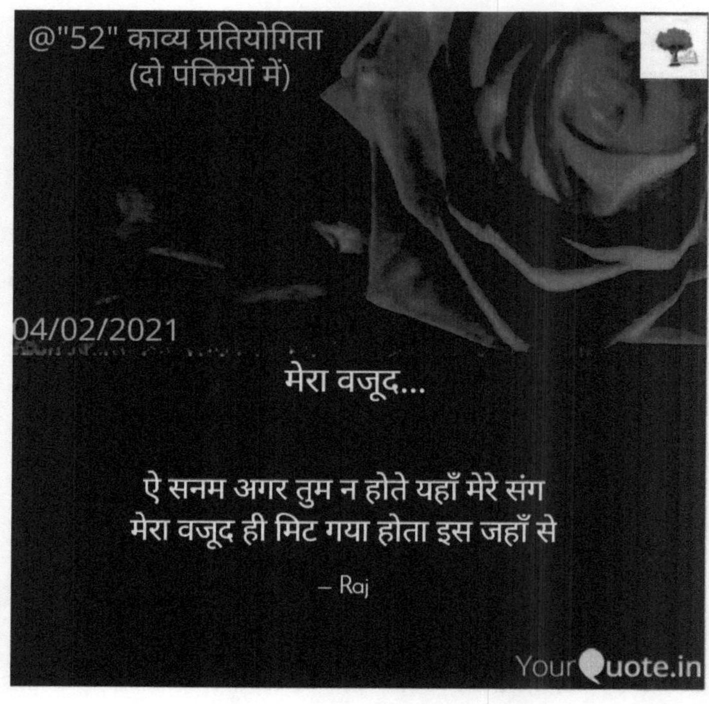

@"52" काव्य प्रतियोगिता
(दो पंक्तियों में)

04/02/2021

मेरा वजूद...

ऐ सनम अगर तुम न होते यहाँ मेरे संग
मेरा वजूद ही मिट गया होता इस जहाँ से

— Raj

YourQuote.in

3. अकेले जीते-जीते

अकेले जीते-जीते
आदत सा पड़ गया है
काश तुम होते साथ
अकेला ना रहते हम

तुम से ही ज़िन्दगी होता
तुम से ही यह समा होता
तुम से ही सुरुवात होता
दिन और रात मेरा

— Raj

4. डूबता है सूरज

Hindi Kavy Kosh
हिन्दी काव्य कोश
दो पंक्ति दिल की
हर साँझ डूबता है सूरज,
हर प्रातः फिर उग जाता है।
अंधेरो से कभी डरो नहीं,
अंधेरा के बाद उजाला है।
– Raj
कॉमेंट में द्वितीय पंक्ति लिखें

5. औकात

औकात

औकात मेरी दिखाने से पहले अपनी शक्ल आईने में जरूर देख लेना
कुछ खामिया और खुद की औकात का पता जरूर लग जायेगा

— Raj

6. बैठे-बैठे

बैठे बैठे

बैठे बैठे यूँ ही मैंने
बहती गंगा में हाथ धो लिए
दुनिया मुझे देखती रह गयी
और हम यूँ ही चल दिये

कुछ लोग बेपर की उड़ाए
हम को बदनाम कर दिये
वो लोग बट्टा लगाने लगे
मैं बेपरवाह यूँ ही चल दिया

– Raj

7. वो अजनबी

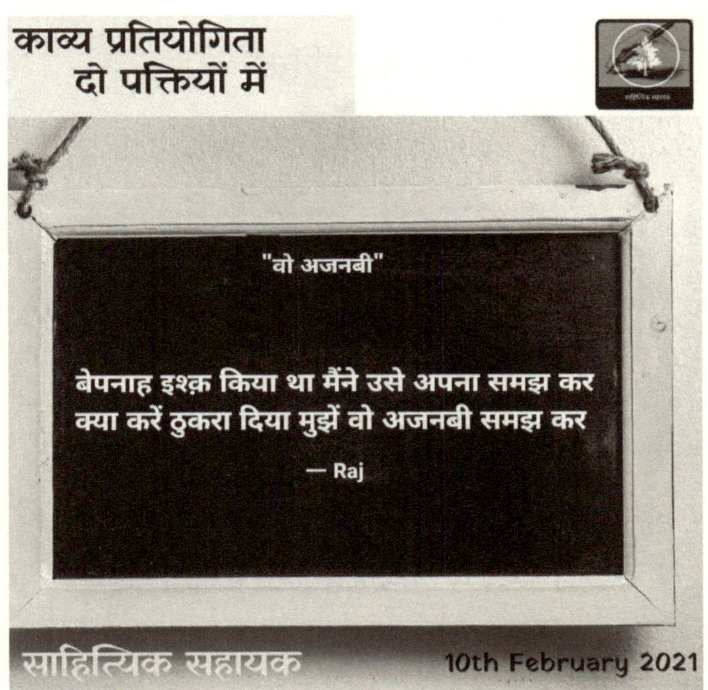
काव्य प्रतियोगिता
दो पक्तियों में

"वो अजनबी"

बेपनाह इश्क़ किया था मैंने उसे अपना समझ कर
क्या करें ठुकरा दिया मुझें वो अजनबी समझ कर

— Raj

साहित्यिक सहायक
10th February 2021

8. सुविचार -१

बिना दूध का चाय गुड़ डालकर पिया करो
एसिडिटी और कफ का तकलीफ नहीं होगा

— Raj   — काव्य संग्रह

9. चाहत दिल की

"चाहत दिल की"

चाहत दिल की
मैं किसे सुनाऊ
बस इतना ही चाहु
तुम मेरे साथ हो

दिल के करीब हो
प्यार ही प्यार हो
मेरा अपना बने
सदा मेरे साथ रहें

— Raj

साहित्यिक सहायक

31th january 2021

10. जीवन

काव्य प्रतियोगिता (23)
दो पंक्तियों में

"जीवन"

चार दिन का नन्हा सा प्यारा सा यह जीवन है हमारा
दो दिन तो बीत गये रह गया दो दिन प्यार में गुज़ारे

— Raj

SHEORAN QUOTES
3 फरवरी 2021

11. चूमकर माथा तुमने

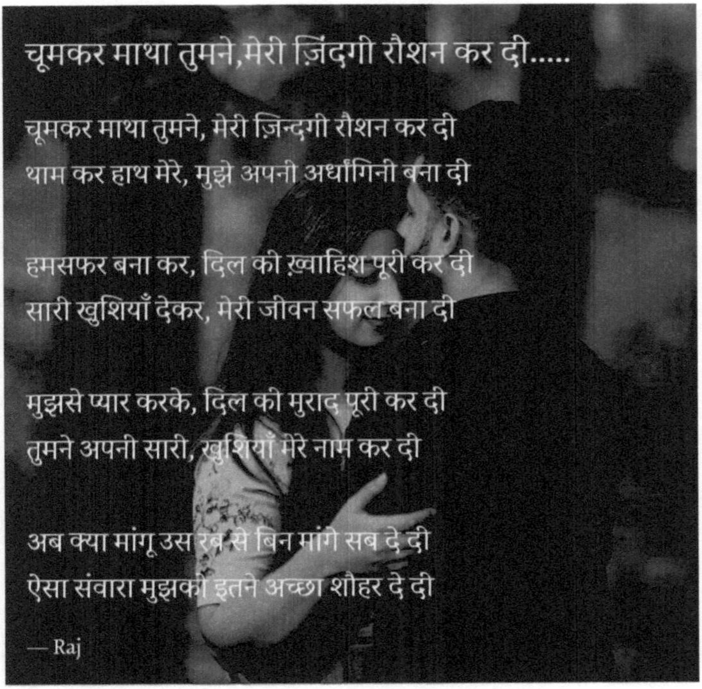

चूमकर माथा तुमने,मेरी ज़िंदगी रौशन कर दी.....

चूमकर माथा तुमने, मेरी ज़िन्दगी रौशन कर दी
थाम कर हाथ मेरे, मुझे अपनी अर्धांगिनी बना दी

हमसफर बना कर, दिल की ख़्वाहिश पूरी कर दी
सारी खुशियाँ देकर, मेरी जीवन सफल बना दी

मुझसे प्यार करके, दिल की मुराद पूरी कर दी
तुमने अपनी सारी, खुशियाँ मेरे नाम कर दी

अब क्या मांगू उस रब्ब से बिन मांगे सब दे दी
ऐसा संवारा मुझको इतने अच्छा शौहर दे दी

— Raj

12. प्रेम रोग

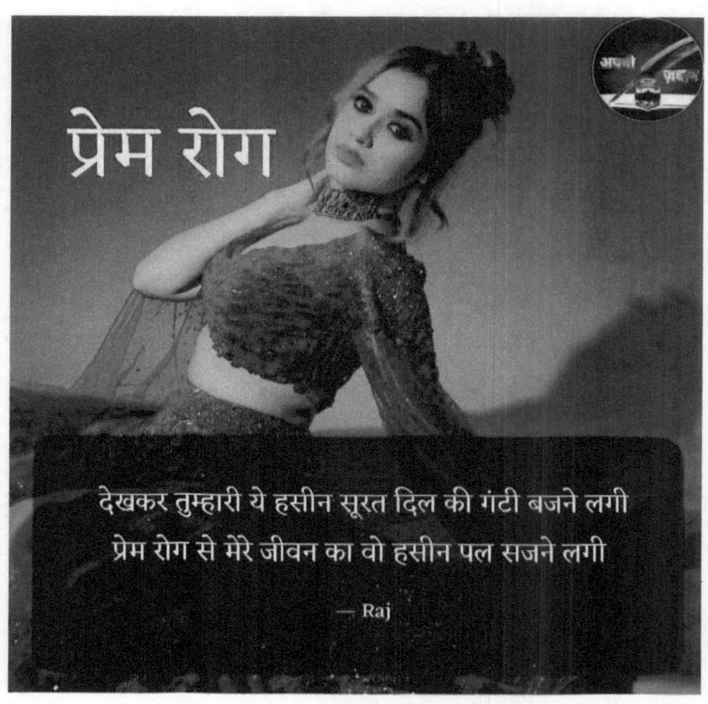

प्रेम रोग
देखकर तुम्हारी ये हसीन सूरत दिल की गंटी बजने लगी
प्रेम रोग से मेरे जीवन का वो हसीन पल सजने लगी
— Raj

13. बेटियाँ बोझ नहीं

काव्य प्रतियोगिता
दो पक्तियों में
"बेटियाँ बोझ नहीं"
देखकर वो मासूम चेहरे कैसे करें हैं इंकार यह लोग
एक बात क्यों नहीं समझतें बेटियाँ बोझ नहीं होती
— Raj
साहित्यिक सहायक
8th February 2021

14. दिल का मेहमान

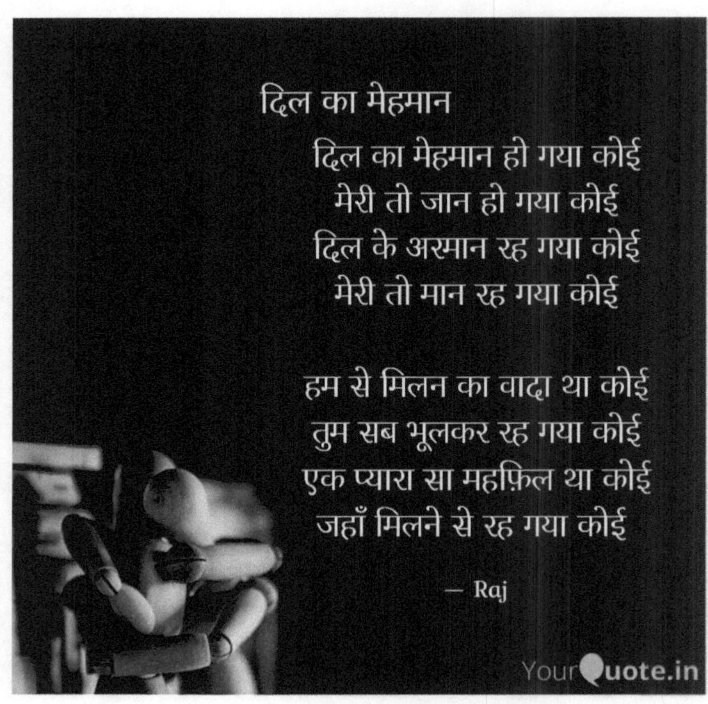

दिल का मेहमान

दिल का मेहमान हो गया कोई
मेरी तो जान हो गया कोई
दिल के अरमान रह गया कोई
मेरी तो मान रह गया कोई

हम से मिलन का वादा था कोई
तुम सब भूलकर रह गया कोई
एक प्यारा सा महफ़िल था कोई
जहाँ मिलने से रह गया कोई

— Raj

15. दिल की बात

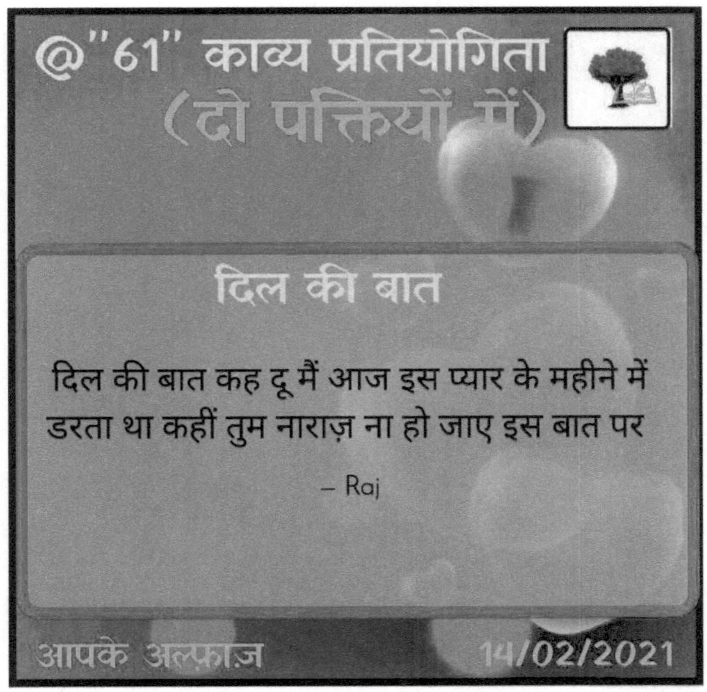

@ "61" काव्य प्रतियोगिता
(दो पंक्तियों में)
दिल की बात
दिल की बात कह दू मैं आज इस प्यार के महीने में
डरता था कहीं तुम नाराज़ ना हो जाए इस बात पर
– Raj
आपके अल्फाज़
14/02/2021

16. बेकरारी का आलम

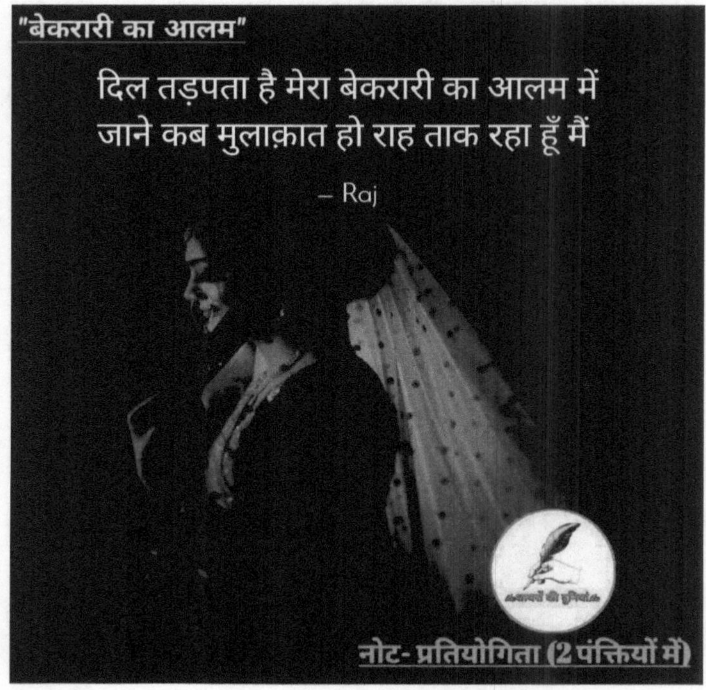

"बेकरारी का आलम"

दिल तड़पता है मेरा बेकरारी का आलम में
जाने कब मुलाक़ात हो राह ताक रहा हूँ मैं

— Raj

नोट-प्रतियोगिता (2 पंक्तियों में)

17. ख्याल

18. मेरी परछाई

मेरी परछाई

दुःख का बादल जब छाये
लोग तो दूर होतें ही हैं
परछाई का क्या कहना
परछाई ही साथ रहें हैं

सुख में जो साथ रहें हैं
वो भी साथ छोड़ गए हैं
जो भी अब साथ थे मेरे
वो सिर्फ मेरी परछाई हैं

अपनों की बात और हैं
वो तो पहले छोड़ गए
गैरों की क्या बात करें
जब अपने ही साथ नही है

—Raj

19. एक सवाल...

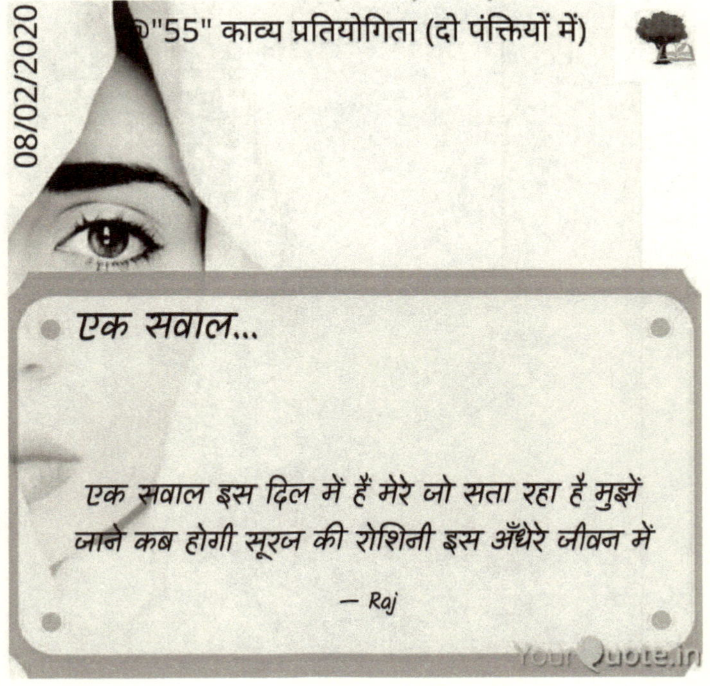
08/02/2020
@"55" काव्य प्रतियोगिता (दो पंक्तियों में)
एक सवाल...
एक सवाल इस दिल में हैं मेरे जो सता रहा है मुझें
जाने कब होगी सूरज की रोशिनी इस अँधेरे जीवन में
— Raj

20. जिंदगी का सुकून...

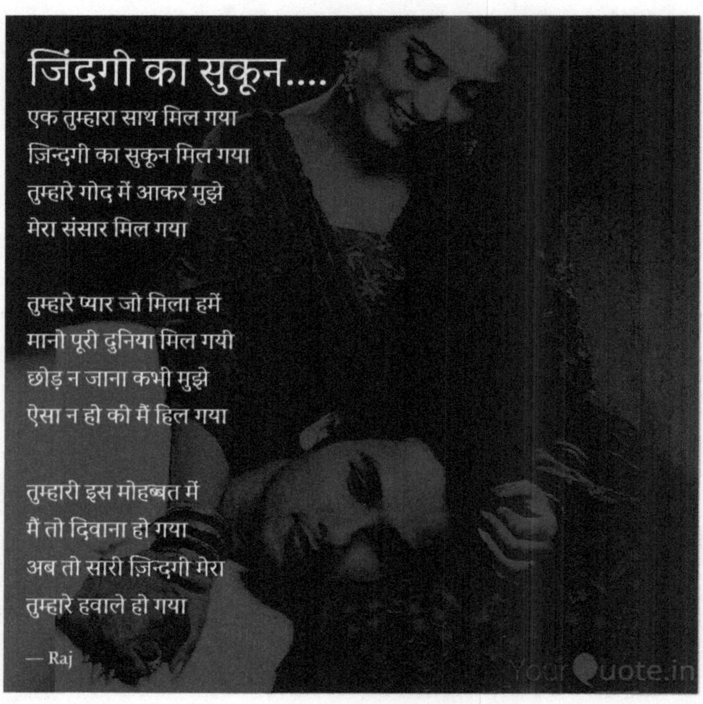

जिंदगी का सुकून....
एक तुम्हारा साथ मिल गया
ज़िन्दगी का सुकून मिल गया
तुम्हारे गोद में आकर मुझे
मेरा संसार मिल गया

तुम्हारे प्यार जो मिला हमें
मानो पूरी दुनिया मिल गयी
छोड़ न जाना कभी मुझे
ऐसा न हो की मैं हिल गया

तुम्हारी इस मोहब्बत में
मैं तो दिवाना हो गया
अब तो सारी ज़िन्दगी मेरा
तुम्हारे हवाले हो गया

— Raj

21. संकल्प अटल हो तो

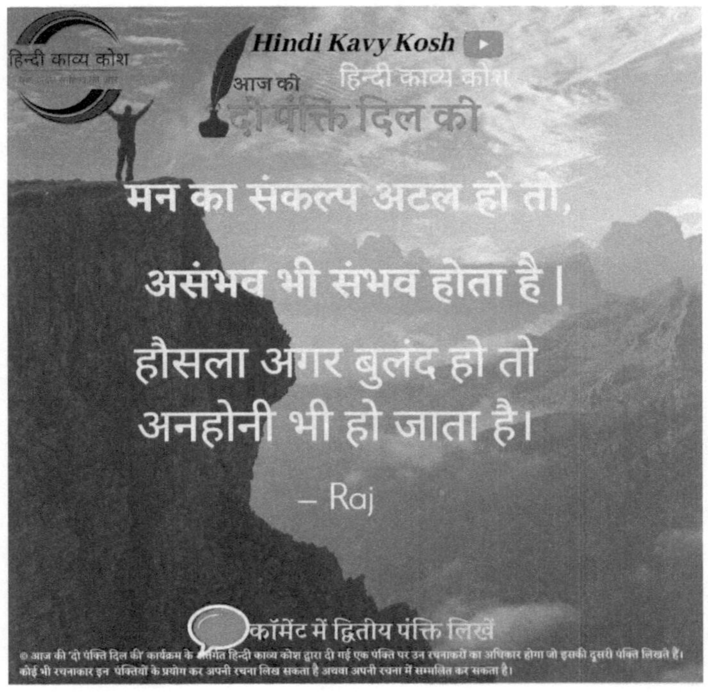

© आज की 'दो पंक्ति दिल की' कार्यक्रम के अंतर्गत हिन्दी काव्य कोश द्वारा दी गई एक पंक्ति पर उन रचनाकारों का अधिकार होगा जो इसकी दूसरी पंक्ति लिखते हैं। कोई भी रचनाकार इन पंक्तियों के प्रयोग कर अपनी रचना लिख सकता है अथवा अपनी रचना में सम्मिलित कर सकता है।

22. प्रेम

प्रेम

हमारा जीवन सदा प्रेम से भरा हो कभी न कोई तक़रार हो
अर्धांगिनी हो तुम मेरे जीवन की सदा दिल में बसें रहो

— Raj

23. हमारा रिश्ता

काव्य प्रतियोगिता
दो पंक्तियों में
"हमारा रिश्ता"
हमारा रिश्ता इतना मजबूत हो की ज़माना मिसाल दे
प्यार ही प्यार बरसाए ऐसे जैसे एक दूजे में समा जाये
— Raj
साहित्यिक सहायक
5th February 2021

24. मुश्किलें आती रहेगी

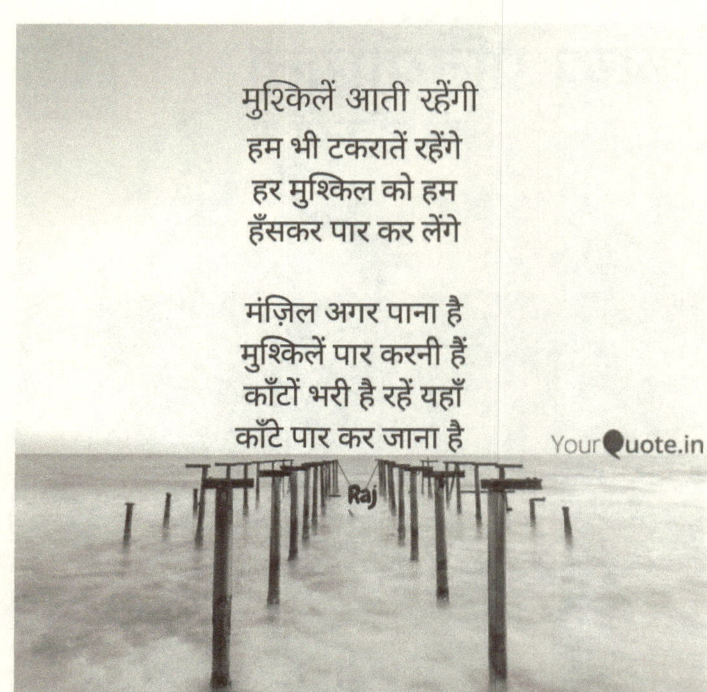

25. हमारे पास जो कुछ है

हमारे पास जो कुछ है
हम कम करके क्यों देखें
ओर कुछ बढ़ा लें उसमे
तो ज़्यादा भी नहीं होतें

यह बात ओर है की
कफ़न में जेबें नहीं होतें
जी भी है यहाँ मेरे
मेरा बनकर नहीं रहतें

— Raj

YourQuote.in

26. मेरी कायनात हो तुम...

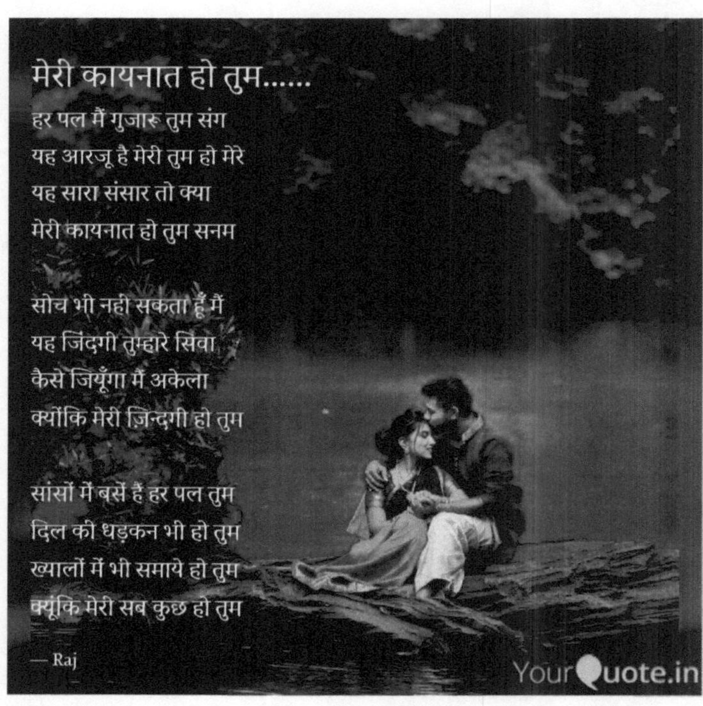

27. सहस की किरणें

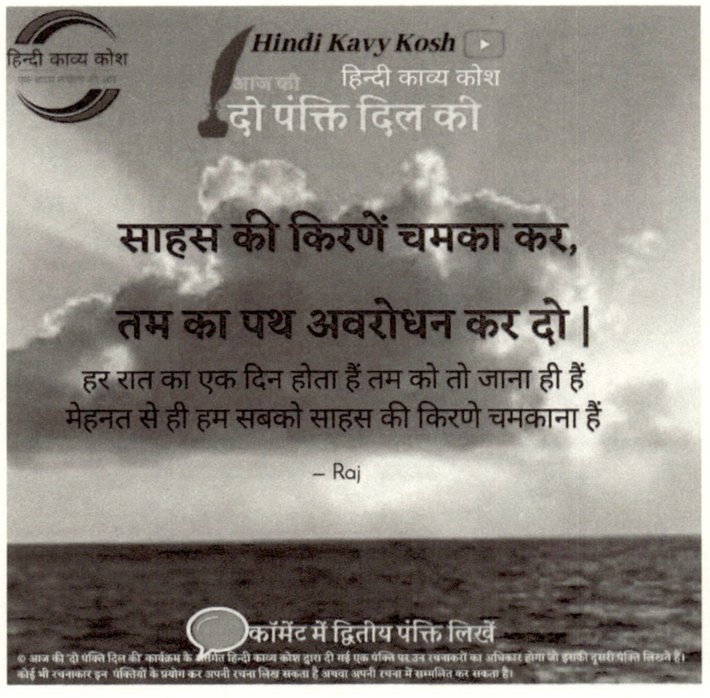

हिन्दी काव्य कोश
Hindi Kavy Kosh
हिन्दी काव्य कोश
आज की
दो पंक्ति दिल की
साहस की किरणें चमका कर,
तम का पथ अवरोधन कर दो।
हर रात का एक दिन होता हैं तम को तो जाना ही हैं
मेहनत से ही हम सबको साहस की किरणे चमकाना हैं
– Raj
कॉमेंट में द्वितीय पंक्ति लिखें
© आज की दो पंक्ति दिल की कार्यक्रम के अंतर्गत हिन्दी काव्य कोश द्वारा दी गई एक पंक्ति पर उन रचनाकारों का अधिकार होगा जो इसकी दूसरी पंक्ति लिखते हैं।
कोई भी रचनाकार इन पंक्तियों के प्रयोग कर अपनी रचना लिख सकता है अथवा अपनी रचना में सम्मिलित कर सकता है।

28. डगमगाते क़दम

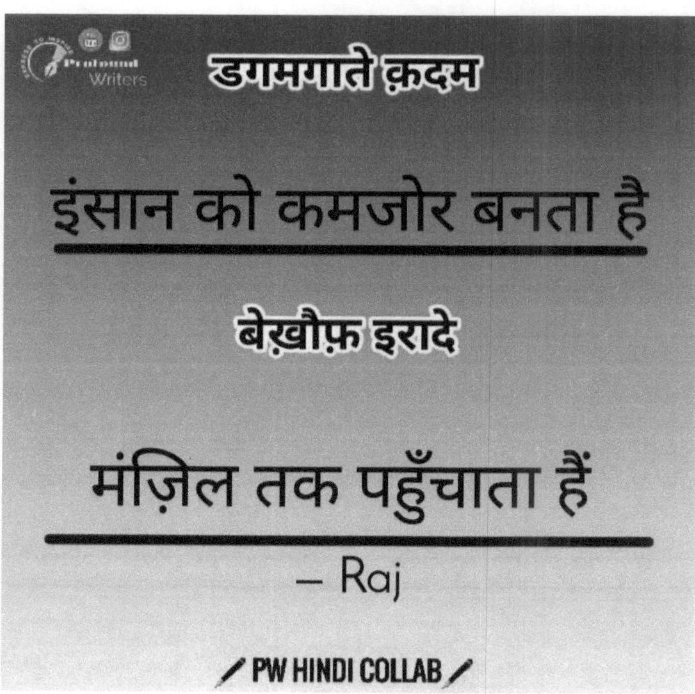

डगमगाते क़दम
Profound
Writers
इंसान को कमजोर बनता है
बेख़ौफ़ इरादे
मंज़िल तक पहुँचाता हैं
– Raj
PW HINDI COLLAB

29. इतजार

इन्तजार

इंतजार आज भी है तुम्हारा इश्क़-ए-मोहब्बत में
राह पर आँखें बिछाये बैठे है फ़स्ल-ए-गुल का

— Raj

30. तेरी राह

काव्य प्रतियोगिता
दो पंक्तियों में
"तेरी राह"
इंतजार हैं मुझे तुम्हारी आने की हर पल हर वक़्त हर दिन
तेरी राह ताक रहा हूँ मैं आँखों में सुरमा लगाए रात दिन
— Raj
साहित्यिक सहायक   4 February 2021

31. सपना

@"48" काव्य प्रतियोगिता (दो पंक्तियों में)

सपना

इश्क़-ए-मोहब्बत में जो सपना देखें थे मैंने
वो ख़्वाब-दर-ख़्वाब ही बन कर रह गया

— Raj

31/01/2024

YourQuote.in

32. एक गुलाब हमारा भी था

इश्क़ जनाब हमारा भी था
एक गुलाब हमारा भी था
जो सबसे प्यारा था
एक दम ही निराला था

क्या करें वो मुझा गयी
तोड़ कर दिल मेरा चली गयी
दर्द बहुत हमें देकर गयी
बीच राह में तड़पा गयी

नया गुलाब की तलाश है
दर्द-ए-दिल पर मरहम बने
अब तक कोई मिला नहीं
जो मर्ज़-ए-दवा बनकर रहे

— Raj

33. जादू तेरा

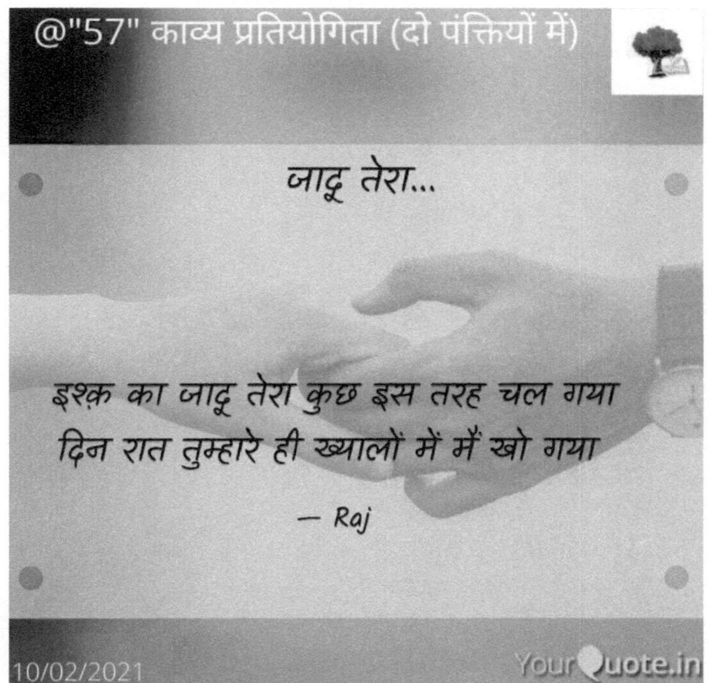
@"57" काव्य प्रतियोगिता (दो पंक्तियों में)

जादू तेरा...

इश्क़ का जादू तेरा कुछ इस तरह चल गया
दिन रात तुम्हारे ही ख्यालों में मैं खो गया

— Raj

10/02/2021
YourQuote.in

34. ताउम्र चाहत का वादा

ताउम्र चाहत का वादा

इश्क़ करता हूँ मैं और करता रहूँगा
मेरी ज़िन्दगी में एक तुम ही रहेगा

चाहता हूँ मैं तुम्हें जी जान से
नहीं रह पाउँगा मैं तुम्हरे बिना

चाहता रहूँगा मैं तुम्हे हमेशा
ताउम्र चाहत का वादा रहा

तुम नहीं अगर मेरे ज़िन्दगी में
तो मैं भी नहीं इस ज़माने में

तेरे सिवा यहाँ नहीं जीना हमें
तुम बिन दुनिया छोड़ जाऊँगा मैं

— Raj
PROFOUND WRITERS HINDI 2

35. ज़िंदगी का तोहफ़ा

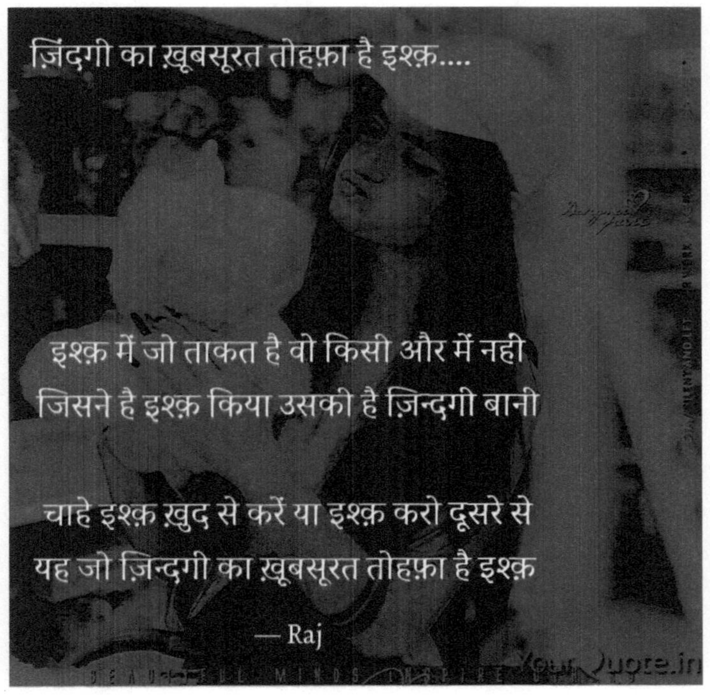

ज़िंदगी का ख़ूबसूरत तोहफ़ा है इश्क़....

इश्क़ में जो ताकत है वो किसी और में नही
जिसने है इश्क़ किया उसकी है ज़िन्दगी बानी

चाहे इश्क़ ख़ुद से करें या इश्क़ करो दूसरे से
यह जो ज़िन्दगी का ख़ूबसूरत तोहफ़ा है इश्क़

—Raj

36. झूठी कसमें...

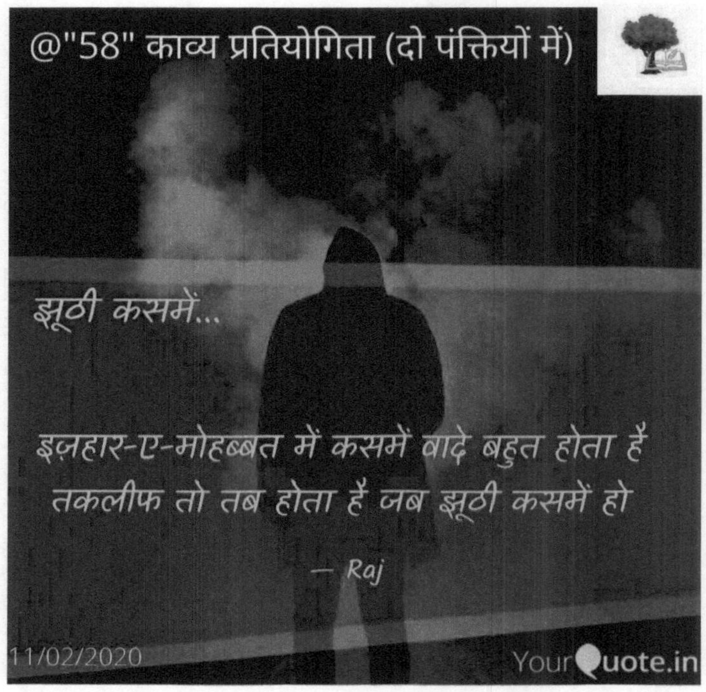

@"58" काव्य प्रतियोगिता (दो पंक्तियों में)

झूठी कसमें...

इज़हार-ए-मोहब्बत में कसमें वादे बहुत होता है
तकलीफ तो तब होता है जब झूठी कसमें हो

— Raj

11/02/2020

YourQuote.in

37. कसमें नहीं रस्में...

कसमें नहीं रस्में निभायेंगे हम......

इज़हार-ए-मोहब्बत में
कसमें वादे होते हैं
कसमें वादे निभाएं तो
सच्चा इश्क़ कहलाते हैं

आज के इस ज़माने में
लोग झूठे कसमें खाते हैं
लोग यहाँ अपनी मर्ज़ी से
अपनी क़समें वादे तोड़ते हैं

इश्क़-ए-मोहब्बत में हम
सच्चा इश्क़ निभायेंगे
अपने इस जीवन में कसमें
नहीं रस्में निभायेंगे हम

– Raj

38. बात तेरी

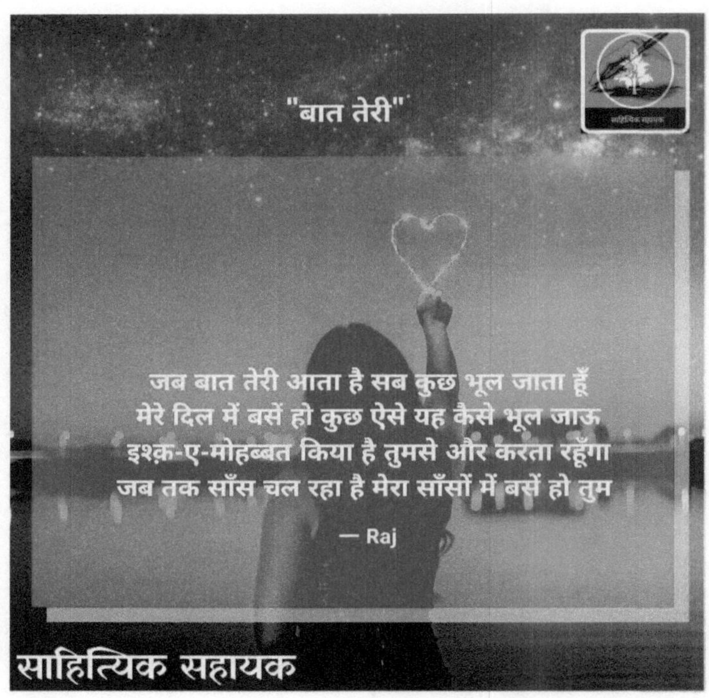

"बात तेरी"

जब बात तेरी आता है सब कुछ भूल जाता हूँ
मेरे दिल में बसें हो कुछ ऐसे यह कैसे भूल जाऊ
इश्क़-ए-मोहब्बत किया है तुमसे और करता रहूँगा
जब तक साँस चल रहा है मेरा साँसों में बसें हो तुम

— Raj

साहित्यिक सहायक

39. कुछ न कुछ तो होगा ही

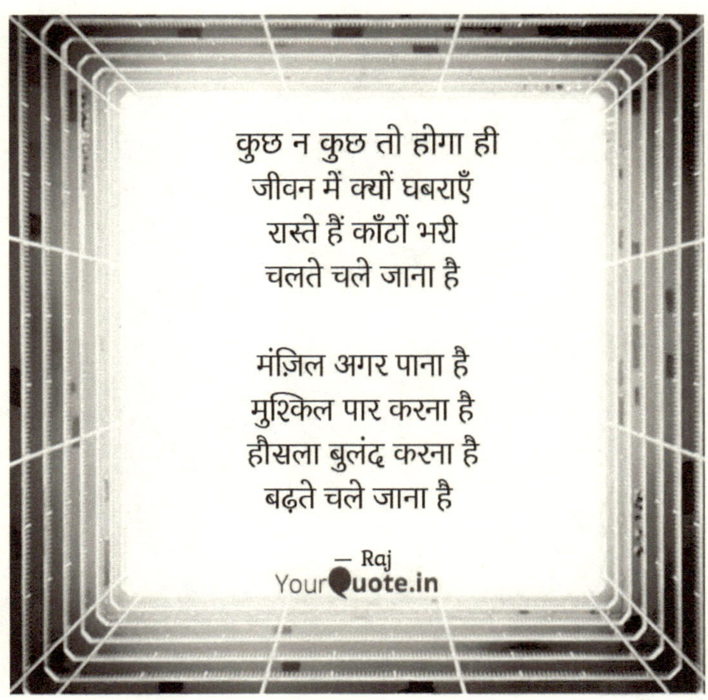

40. जियेंगे-मरेंगे साथ...

जियेंगे-मरेंगे साथ...

जियेंगे-मरेंगे साथ
हम तुम सदा रहेंगे साथ
कभी जुदा ना होंगे हम
चाहे कुछ भी हो सनम

ना जुदा होंगे ना ख़फ़ा
सदा प्यार ही प्यार होगा
दुनिया की फ़िक्र ना हमें
हम चले प्यार की राह

– Raj

41. सफ़र अच्छा रहा

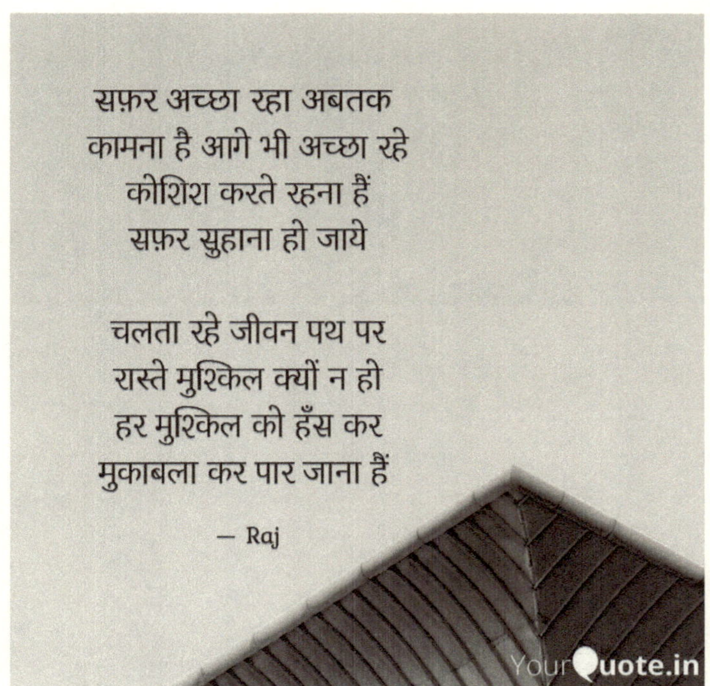

सफ़र अच्छा रहा अबतक
कामना है आगे भी अच्छा रहे
कोशिश करते रहना हैं
सफ़र सुहाना हो जाये

चलता रहे जीवन पथ पर
रास्ते मुश्किल क्यों न हो
हर मुश्किल की हँस कर
मुकाबला कर पार जाना हैं

— Raj

42. चुन-चुन कर राहों से

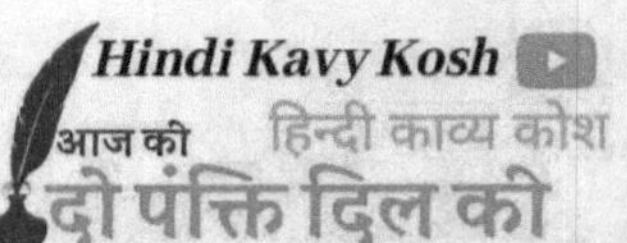

43. कैसी ये ज़िन्दगी

YourQuote.in
कैसी ये ज़िन्दगी
कैसी ये ज़िन्दगी
ना कोई बंदगी
बस है सिर्फ तन्हाई
ना कोई परछाई

तुम भी हो दूर अब
आएंगे पास कब
जाने ना कोई यहाँ
तुम हो जाने कहाँ

राह पर आँखे बिछाये
बैठा हूँ मैं द्वार पर
नहीं दिखा मुझें साया
तुम्हारी अब तक

- Raj

44. तुझसे दूर होकर मैं

45. ख़्वाब

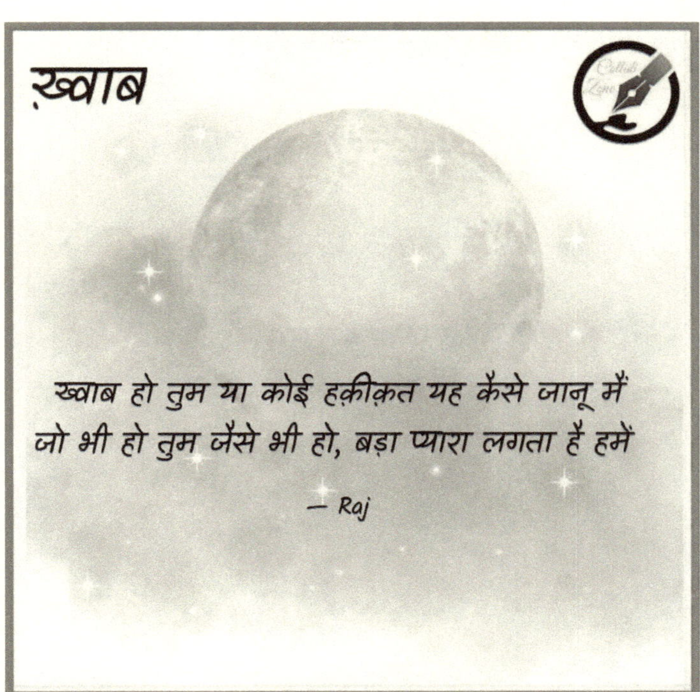

46. हसीन पल

@"50" काव्य प्रतियोगिता (दो पंक्तियों में)

हसीन पल

कितना हसीन पल था वो बस तुम, मैं और वो समा
वो वक़्त जो प्यार में गुज़ारें, बांहों में तुम और वो पल

— Raj

02/02/2020

YourQuote.in

47. समझा नहीं

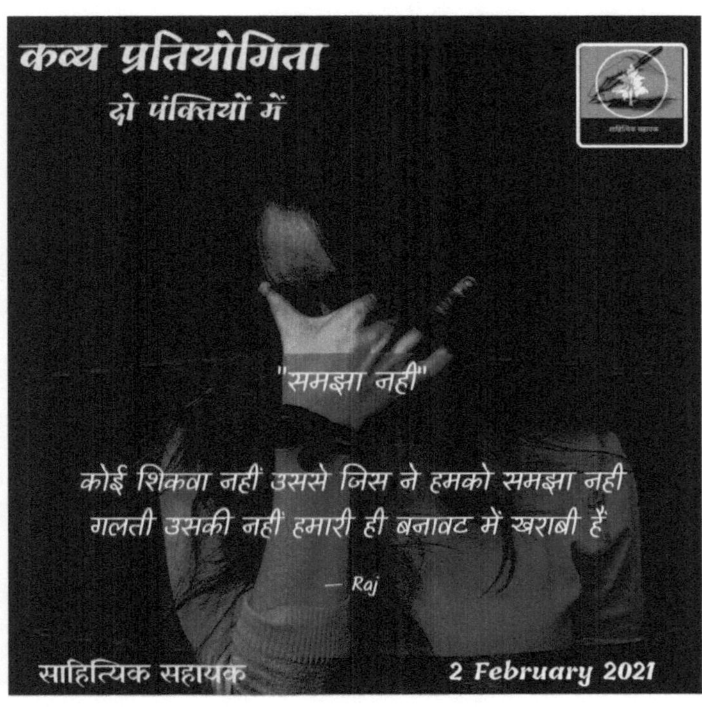

कव्य प्रतियोगिता
दो पंक्तियों में
"समझा नहीं"
कोई शिकवा नहीं उससे जिस ने हमको समझा नही
गलती उसकी नहीं हमारी ही बनावट में खराबी हैं
— Raj
साहित्यिक सहायक
2 February 2021

48. सुविचार - २

आज का सुविचार

कर्म अपने करते रहो फल की इच्छा मत करो
कर्म अगर अच्छा होगा तो फल भी अच्छा ही होगा

— Raj   — काव्य संग्रह

49. कमी तो कुछ नहीं

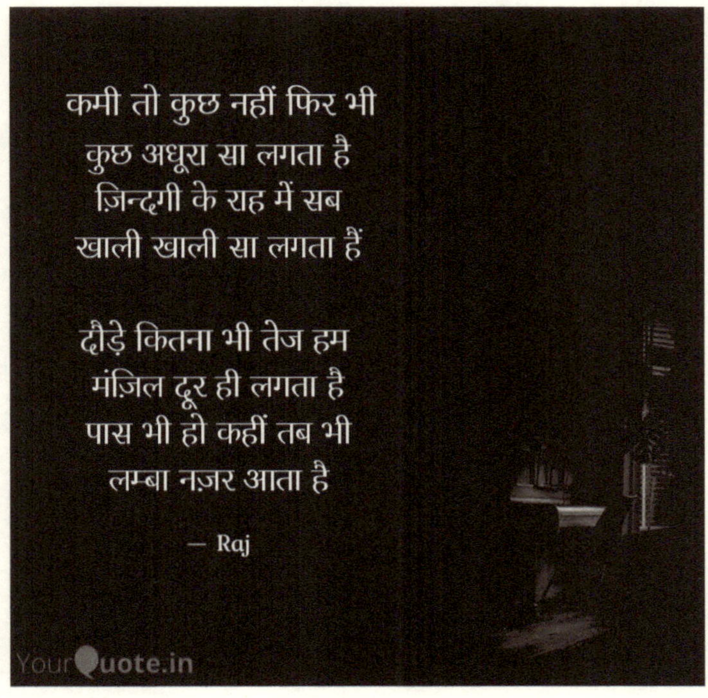

कमी तो कुछ नहीं फिर भी
कुछ अधूरा सा लगता है
ज़िन्दगी के राह में सब
खाली खाली सा लगता हैं

दौड़े कितना भी तेज हम
मंज़िल दूर ही लगता है
पास भी हो कहीं तब भी
लम्बा नज़र आता है

— Raj

50. माँ की ममता

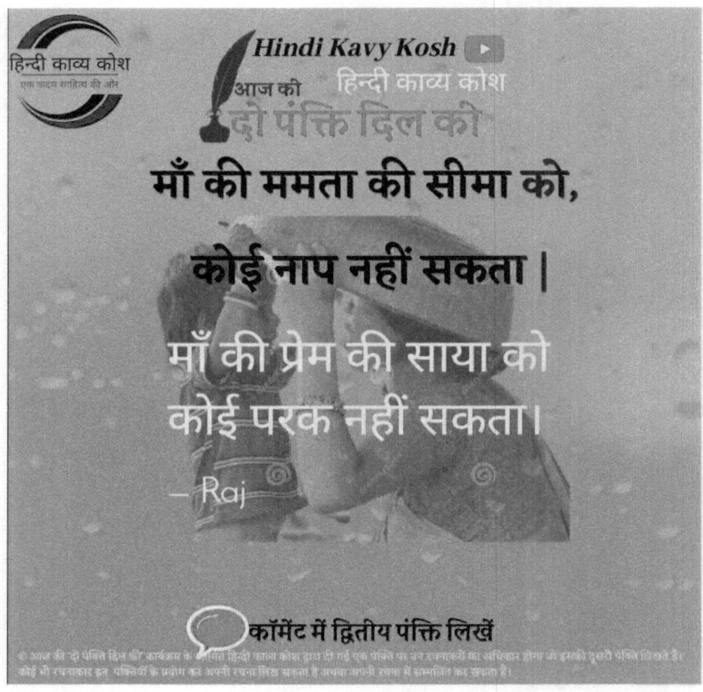

Hindi Kavy Kosh
हिन्दी काव्य कोश
आज की
दो पंक्ति दिल की
हिन्दी काव्य कोश
माँ की ममता की सीमा को,
कोई नाप नहीं सकता।
माँ की प्रेम की साया को
कोई परक नहीं सकता।
— Raj
कॉमेंट में द्वितीय पंक्ति लिखें

51. तुम्हारा हाथ चूमकर

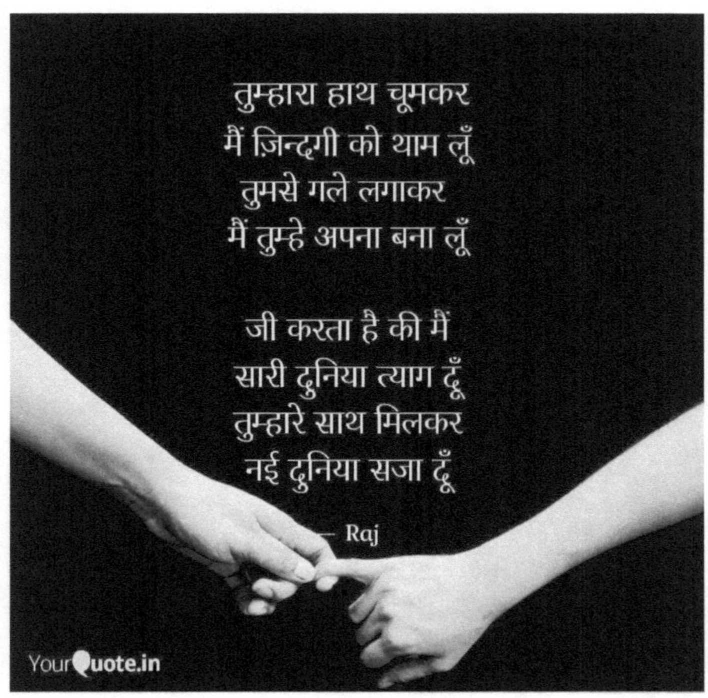

52. वादों की जजीर

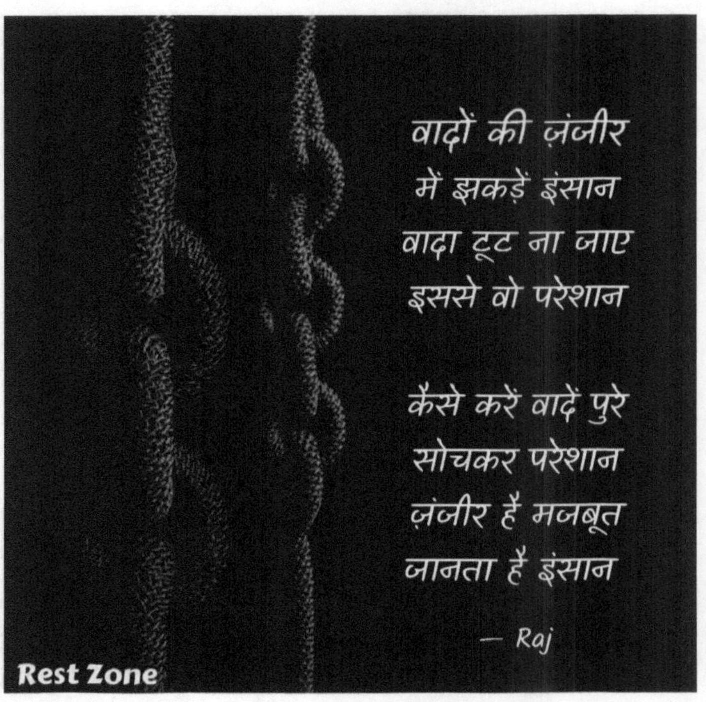

वादों की ज़ंजीर
में झकड़ें इंसान
वादा टूट ना जाए
इससे वो परेशान

कैसे करें वादें पुरे
सोचकर परेशान
ज़ंजीर है मजबूत
जानता है इंसान

— Raj

Rest Zone

53. खुली क़िताब

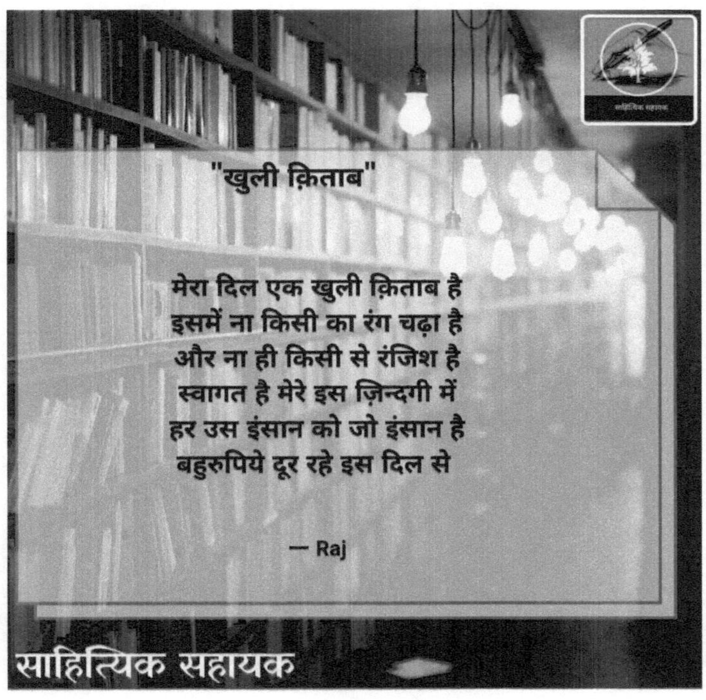

"खुली क़िताब"

मेरा दिल एक खुली क़िताब है
इसमें ना किसी का रंग चढ़ा है
और ना ही किसी से रंजिश है
स्वागत है मेरे इस ज़िन्दगी में
हर उस इंसान को जो इंसान है
बहुरुपिये दूर रहे इस दिल से

— Raj

साहित्यिक सहायक

54. मेरा गाँव

@"53" काव्य प्रतियोगिता (दो पंक्तियों में)
मेरा गाँव
मेरा गाँव एक खूबसूरत खण्ड ज़मीन है इस पुरे धरती का
खेत खलियान और मिट्टी जिसकी खुशबू सबसे निराली है
— Raj
05/02/2021
YourQuote.in

55. धड़कन

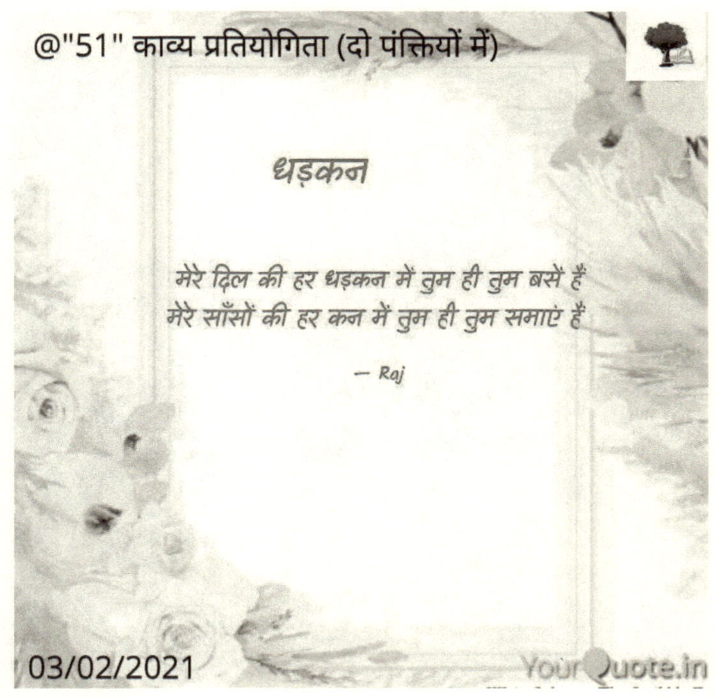

@"51" काव्य प्रतियोगिता (दो पंक्तियों में)

धड़कन

मेरे दिल की हर धड़कन में तुम ही तुम बसें हैं
मेरे साँसों की हर कन में तुम ही तुम समाएं हैं

— Raj

03/02/2021

56. इस दुरी की वजह?

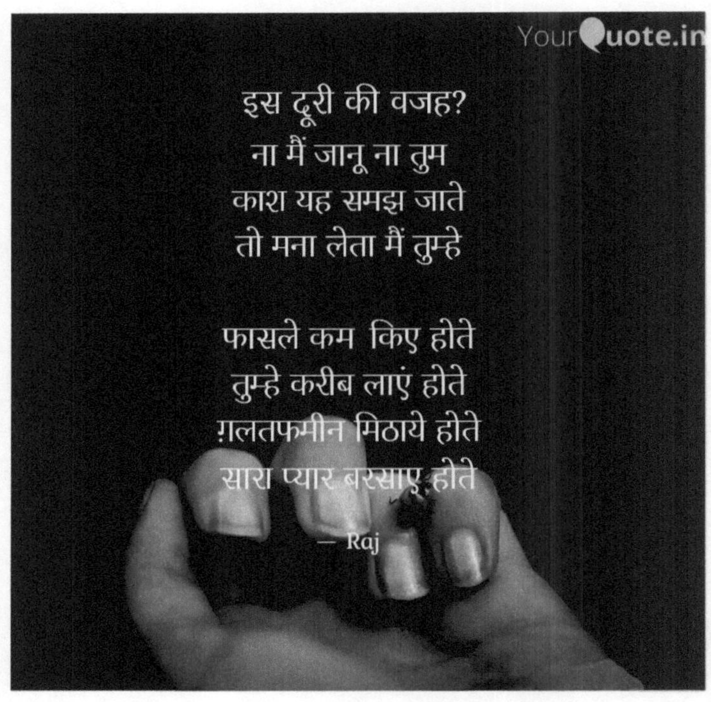
इस दूरी की वजह?
ना मैं जानू ना तुम
काश यह समझ जाते
तो मना लेता मैं तुम्हे

फासले कम किए होते
तुम्हे करीब लाएं होते
ग़लतफ़्मीन मिठाये होते
सारा प्यार बरसाए होते

— Raj

57. निशानी है ये...

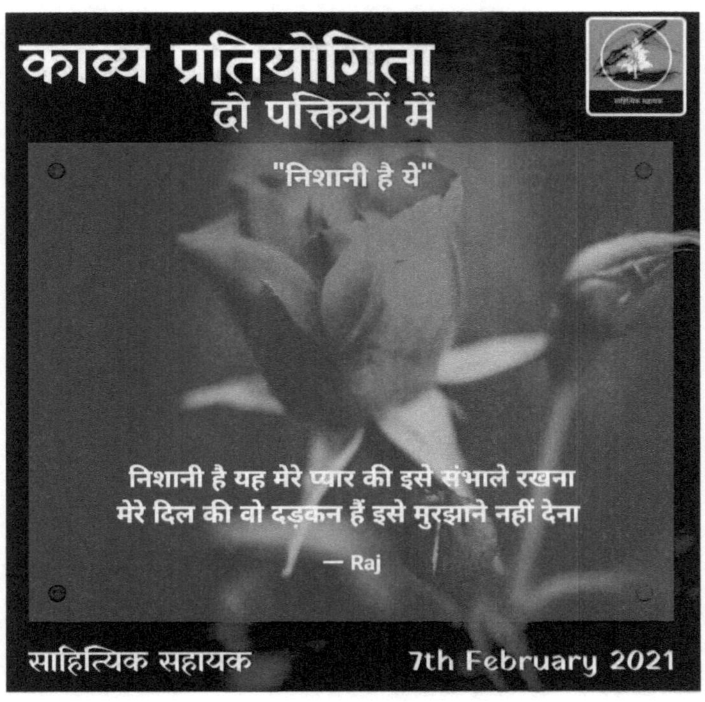

काव्य प्रतियोगिता
दो पंक्तियों में
"निशानी है ये"
निशानी है यह मेरे प्यार की इसे संभाले रखना
मेरे दिल की वो दड़कन हैं इसे मुरझाने नहीं देना
— Raj
साहित्यिक सहायक
7th February 2021

58. अग्नि में स्वर्ण

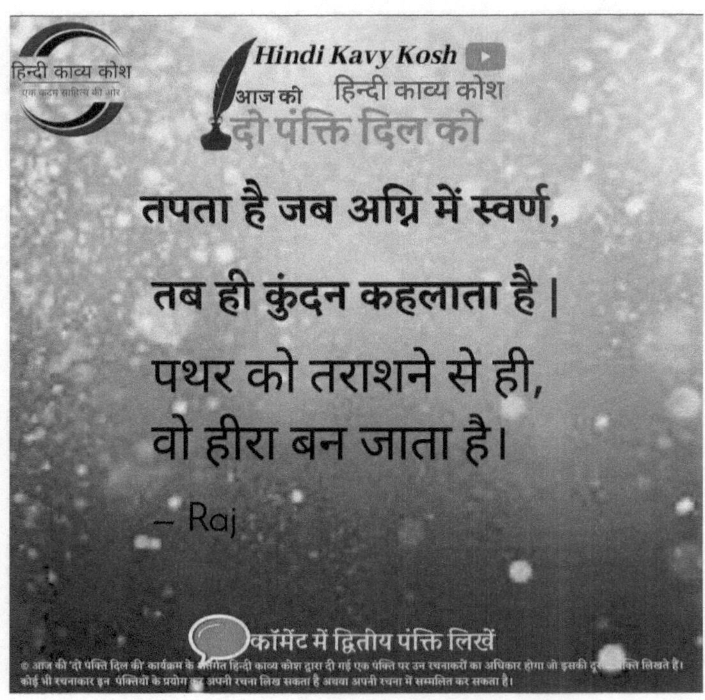

Hindi Kavy Kosh
हिन्दी काव्य कोश
आज की
दो पंक्ति दिल की

तपता है जब अग्नि में स्वर्ण,

तब ही कुंदन कहलाता है |

पथर को तराशने से ही,
वो हीरा बन जाता है।

– Raj

कॉमेंट में द्वितीय पंक्ति लिखें
© आज की 'दो पंक्ति दिल की' कार्यक्रम के अंतर्गत हिन्दी काव्य कोश द्वारा दी गई एक पंक्ति पर उन रचनाकारों का अधिकार होगा जो इसकी दूसरी पंक्ति लिखते हैं।
कोई भी रचनाकार इन पंक्तियों के प्रयोग से अपनी रचना लिख सकता है अथवा अपनी रचना में सम्मिलित कर सकता है।

59. दोस्ती का सफ़र

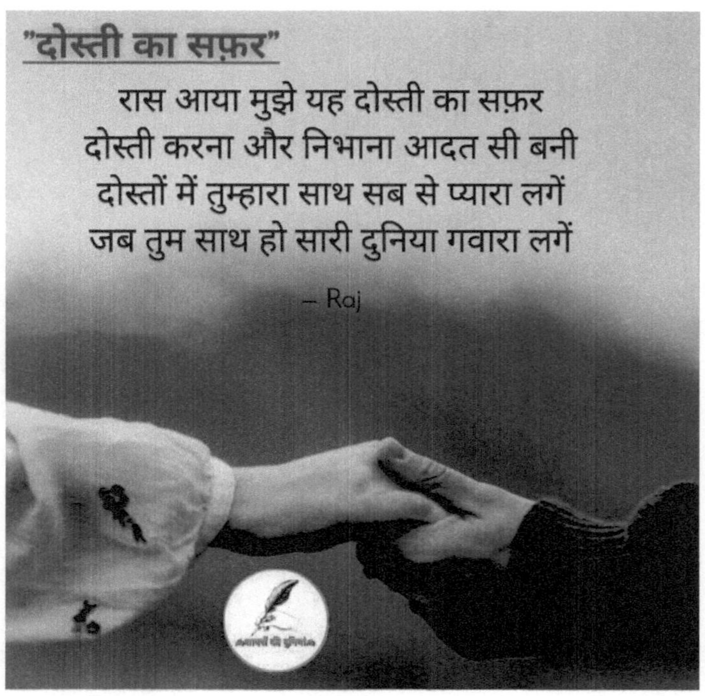

"दोस्ती का सफ़र"
रास आया मुझे यह दोस्ती का सफ़र
दोस्ती करना और निभाना आदत सी बनी
दोस्तों में तुम्हारा साथ सब से प्यारा लगें
जब तुम साथ हो सारी दुनिया गवारा लगें
– Raj

60. रास्ते

रास्ते

रास्ते बहुत है दुनिया मे
हर एक का अपना रास्ता
जो रास्ते पर जाना है
यह तय करना जरुरी है

मंज़िल पर जो रास्ता जाये
उस रास्ते पर चलना है
रास्ते पर जो रुकावट आये
हँस कर उसे पार कर ले

हिम्मत ना हरें हौंसला बढ़ाये
कर बुलंद अपना जोश बढ़ाये
हर रास्ता हर डगर पार कर ले
ना थके ना रुके बस चलता जाए

छाए आंधी या तूफान
बस चलता चला जाए
मंज़िल जब तक ना दिखें
हर डगर पर चलता जाए

— Raj

YourQuote.in

61. रिवाजों की बेड़ियाँ

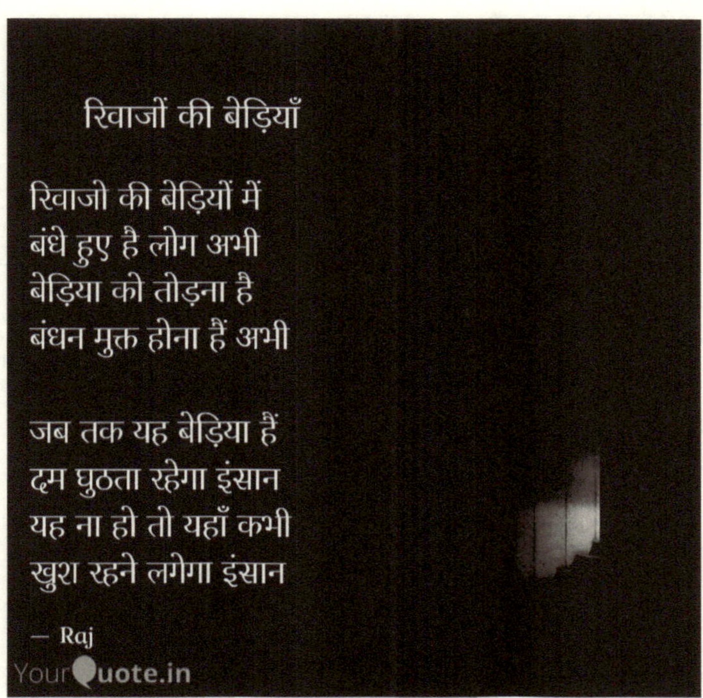

रिवाजों की बेड़ियाँ

रिवाजो की बेड़ियों में
बंधे हुए है लोग अभी
बेड़िया को तोड़ना है
बंधन मुक्त होना हैं अभी

जब तक यह बेड़िया हैं
दम घुठता रहेगा इंसान
यह ना हो तो यहाँ कभी
खुश रहने लगेगा इंसान

— Raj
YourQuote.in

62. दिल जतने का हुनर

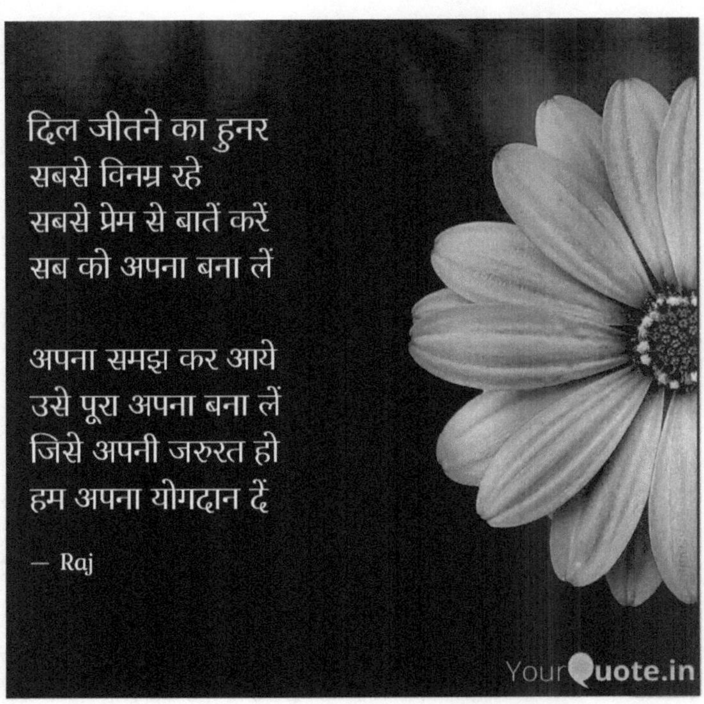

63. तुम कहीं भी रहो

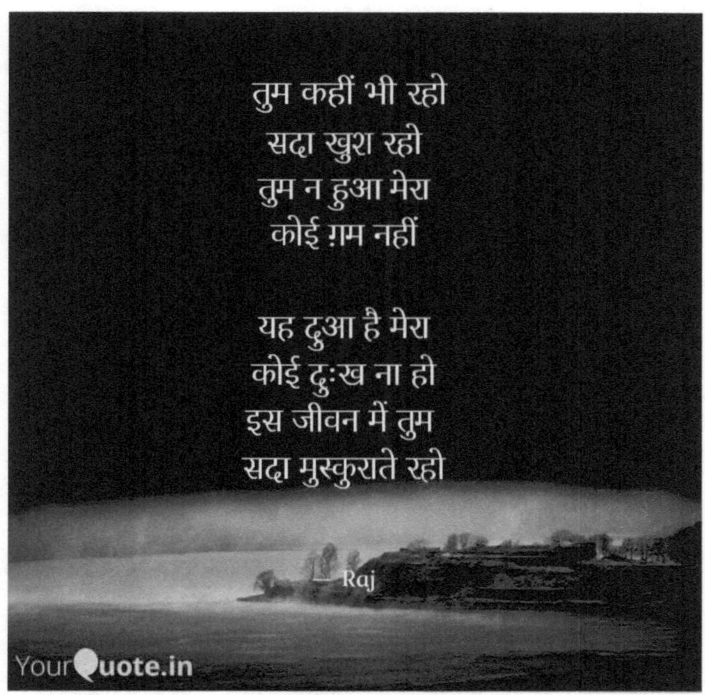

तुम कहीं भी रहो
सदा खुश रहो
तुम न हुआ मेरा
कोई ग़म नहीं

यह दुआ है मेरा
कोई दुःख ना हो
इस जीवन में तुम
सदा मुस्कुराते रहो

— Raj

64. किसी से दिल लगाना

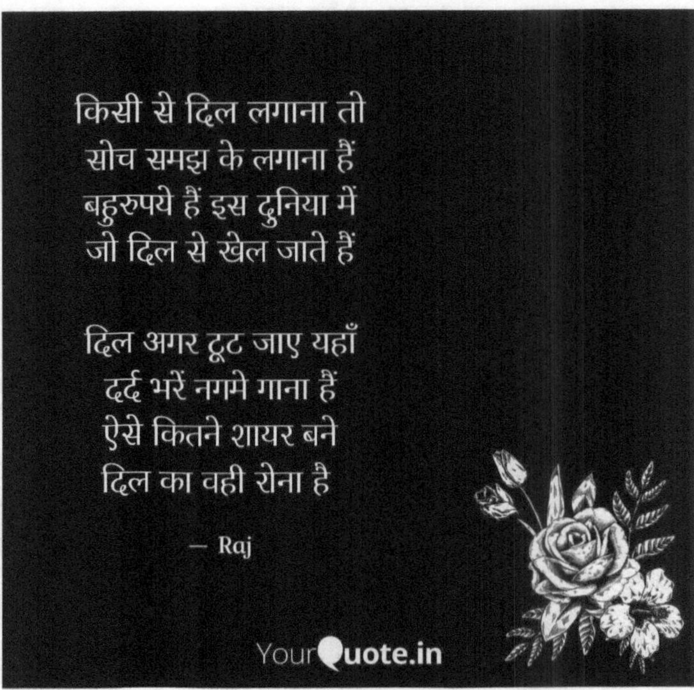

किसी से दिल लगाना तो
सोच समझ के लगाना हैं
बहुरुपये हैं इस दुनिया में
जो दिल से खेल जाते हैं

दिल अगर टूट जाए यहाँ
दर्द भरें नग्मे गाना हैं
ऐसे कितने शायर बने
दिल का वही रोना है

— Raj

YourQuote.in

65. तेरा साथ

तेरा साथ......

तेरा साथ जीवन कितना प्यारा हैं
ऐसा लगता है सारा जहाँ अपना है
तुम साथ हो तो जीने में जो मज़ा है
कहने से नहीं महसूस कर जाना है

—Raj

YourQuote.in

66. तेरे इश्क़ की खशबू

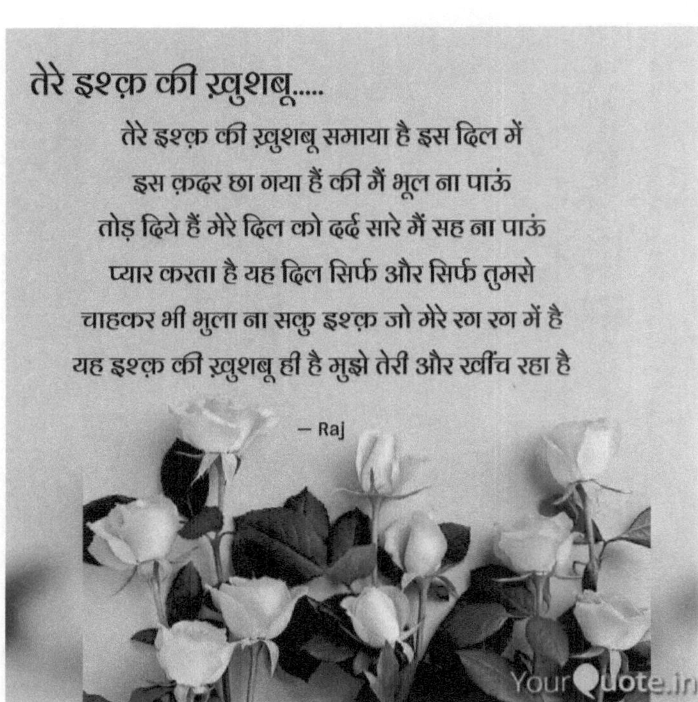

67. तेरे सिवा

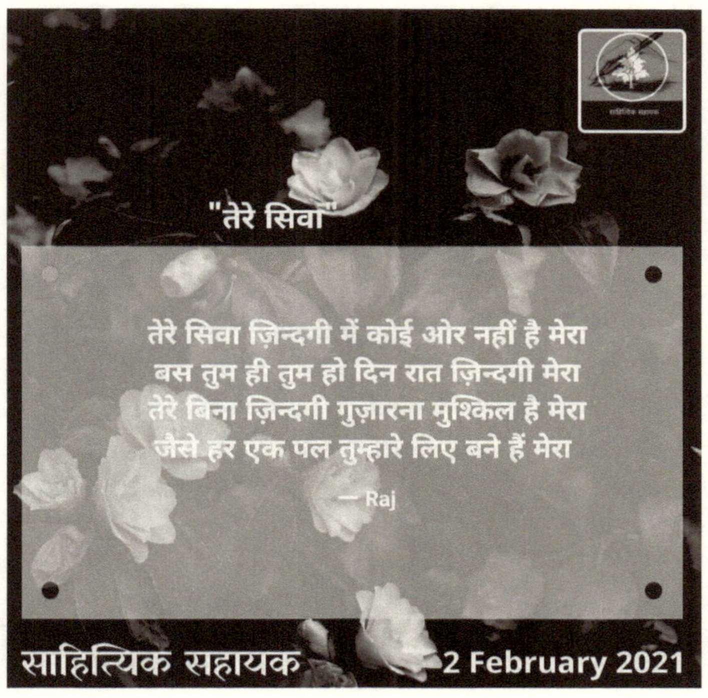

"तेरे सिवा"

तेरे सिवा ज़िन्दगी में कोई ओर नहीं है मेरा
बस तुम ही तुम हो दिन रात ज़िन्दगी मेरा
तेरे बिना ज़िन्दगी गुज़ारना मुश्किल है मेरा
जैसे हर एक पल तुम्हारे लिए बने हैं मेरा

— Raj

साहित्यिक सहायक
2 February 2021

68. बेवफाई

69. मजबूर

@"54" काव्य प्रतियोगिता (दो पंक्तियों में)

मजबूर

तेरी इश्क़ में हम ना थे कभी मजबूर
तह-ए-दिल से मोहब्बत की थी मैंने

— Raj

07/02/2021

YourQuote.in

70. तेरी ओर

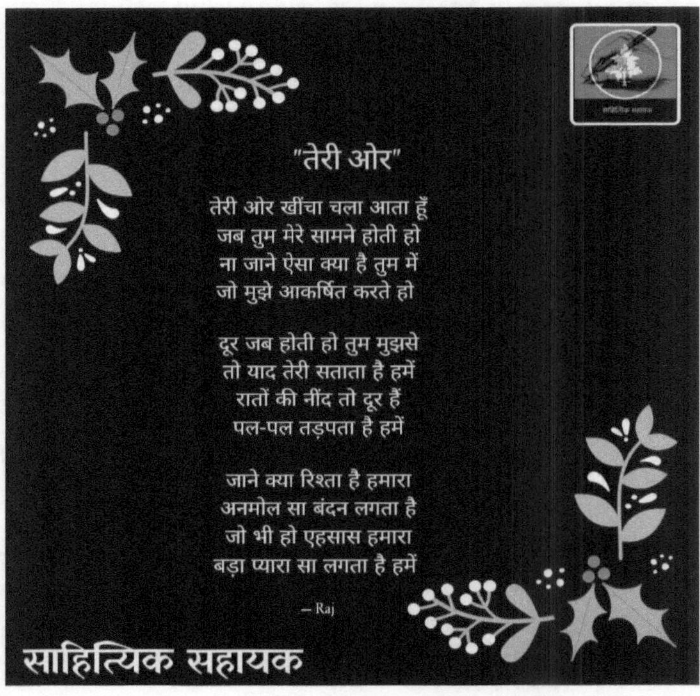

"तेरी ओर"

तेरी ओर खींचा चला आता हूँ
जब तुम मेरे सामने होती हो
ना जाने ऐसा क्या है तुम में
जो मुझे आकर्षित करते हो

दूर जब होती हो तुम मुझसे
तो याद तेरी सताता है हमें
रातों की नींद तो दूर हैं
पल-पल तड़पता है हमें

जाने क्या रिश्ता है हमारा
अनमोल सा बंदन लगता है
जो भी हो एहसास हमारा
बड़ा प्यारा सा लगता है हमें

— Raj

साहित्यिक सहायक

71. तुमसे मिलकर

तुमसे मिलकर

इस तन्हा सा ज़िन्दगी में
कोई अपना न था
बस तन्हाही के सिवा
कुछ और न था

एक दिन महफ़िल में
नज़र से नज़र मिले
दिल को यूँ लगने लगा
कोई मेरा अपना मिला

तुमसे मिलकर मुझे
बहुत अच्छा लगा
ऐसा लगने लगा जैसे
मुझे मेरा संसार मिला

– Raj

72. सारी रात

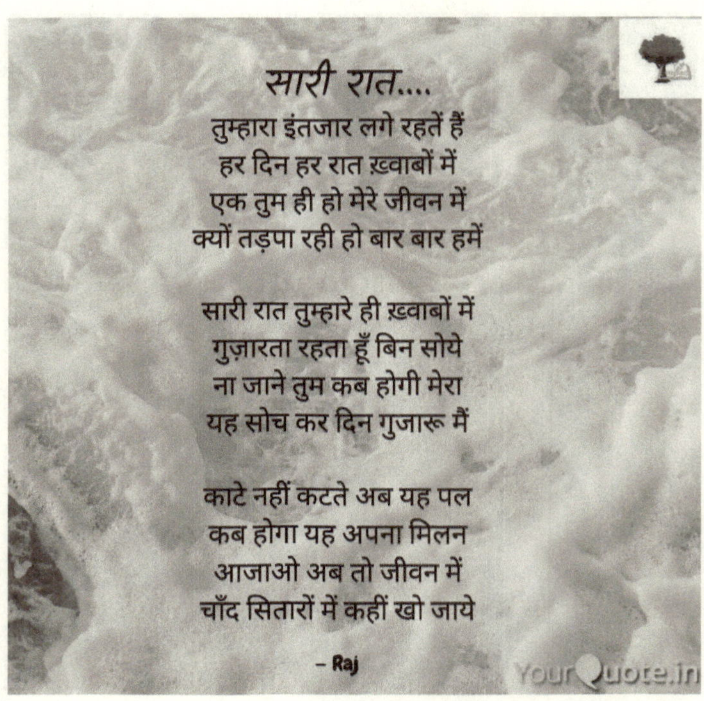

सारी रात....
तुम्हारा इंतजार लगे रहतें हैं
हर दिन हर रात ख़्वाबों में
एक तुम ही हो मेरे जीवन में
क्यों तड़पा रही हो बार बार हमें

सारी रात तुम्हारे ही ख़्वाबों में
गुज़ारता रहता हूँ बिन सोये
ना जाने तुम कब होगी मेरा
यह सोच कर दिन गुजारू मैं

काटे नहीं कटते अब यह पल
कब होगा यह अपना मिलन
आजाओ अब तो जीवन में
चाँद सितारों में कहीं खो जाये

– Raj

73. निशानी

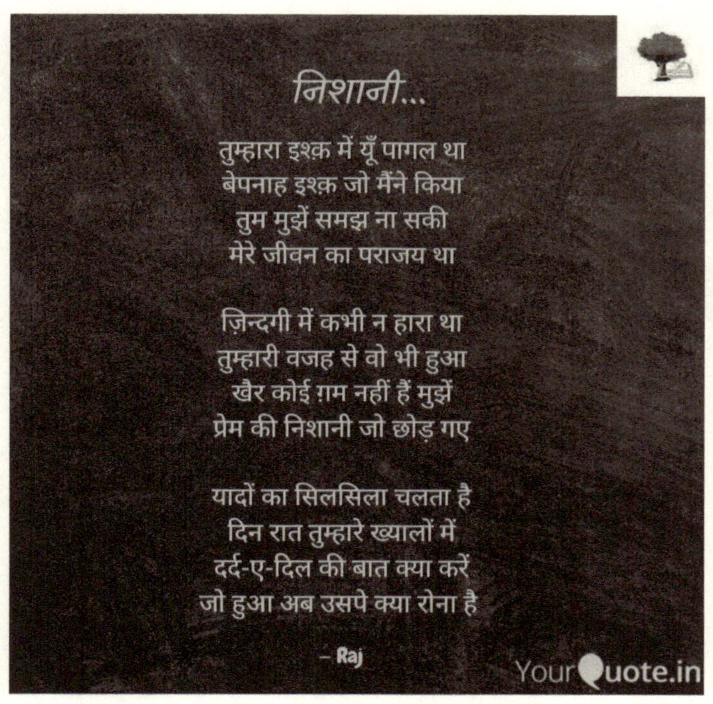

निशानी...

तुम्हारा इश्क़ में यूँ पागल था
बेपनाह इश्क़ जो मैंने किया
तुम मुझें समझ ना सकी
मेरे जीवन का पराजय था

ज़िन्दगी में कभी न हारा था
तुम्हारी वजह से वो भी हुआ
खैर कोई ग़म नहीं हैं मुझें
प्रेम की निशानी जो छोड़ गए

यादों का सिलसिला चलता है
दिन रात तुम्हारे ख्यालों में
दर्द-ए-दिल की बात क्या करें
जो हुआ अब उसपे क्या रोना है

– Raj

74. कुछ सुनहरे पल

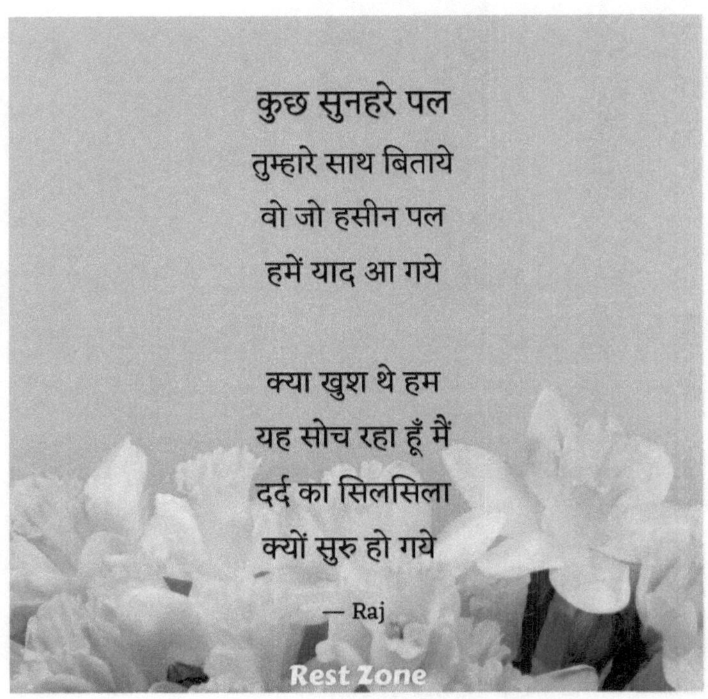

कुछ सुनहरे पल
तुम्हारे साथ बिताये
वो जो हसीन पल
हमें याद आ गये

क्या खुश थे हम
यह सोच रहा हूँ मैं
दर्द का सिलसिला
क्यों सुरु हो गये

— Raj
Rest Zone

75. एक झलक

@"56" काव्य प्रतियोगिता (दो पंक्तियों में)

एक झलक....

तुम्हारी एक झलक पाने के लिए दिल तो तरस गये
कहाँ हो तुम अब तो इश्क़ की बारिश भी बरस गये

— Raj

09/02/2020

YourQuote.in

76. छु कर मेरे रूह को

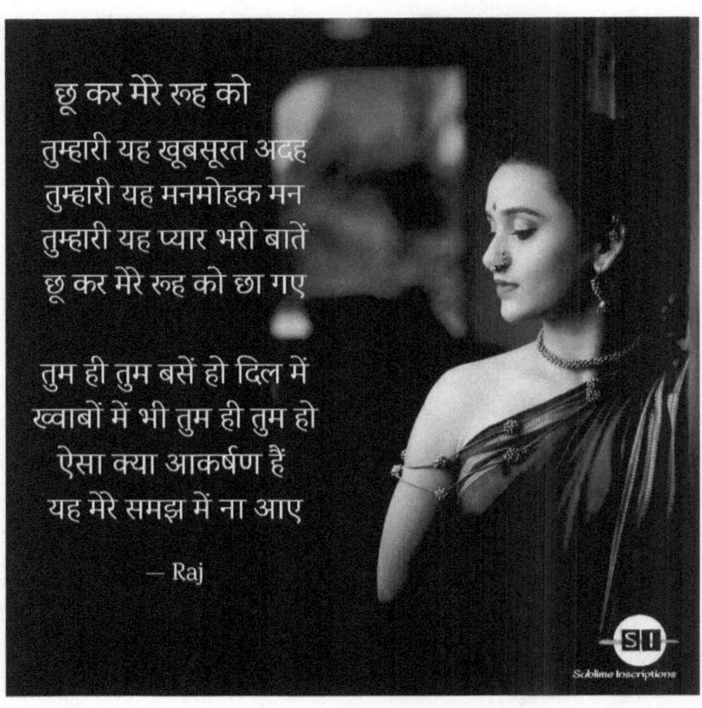

छू कर मेरे रूह को

तुम्हारी यह खूबसूरत अदह
तुम्हारी यह मनमोहक मन
तुम्हारी यह प्यार भरी बातें
छू कर मेरे रूह को छा गए

तुम ही तुम बसें हो दिल में
ख्वाबों में भी तुम ही तुम हो
ऐसा क्या आकर्षण हैं
यह मेरे समझ में ना आए

— Raj

Sublime Inscriptions

77. तुम कहो तो

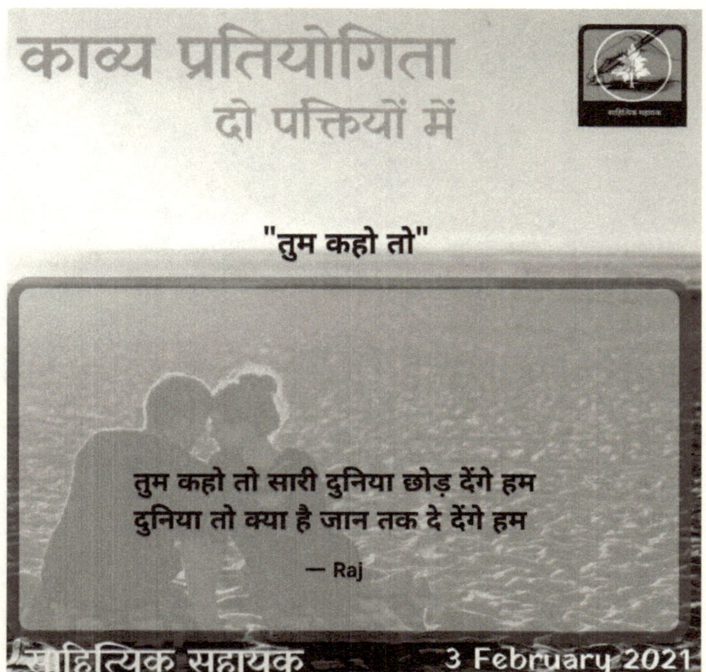

काव्य प्रतियोगिता
दो पंक्तियों में
"तुम कहो तो"
तुम कहो तो सारी दुनिया छोड़ देंगे हम
दुनिया तो क्या है जान तक दे देंगे हम
— Raj
साहित्यिक सहायक
3 February 2021

78. कलि गलाब की

कली गुलाब की

तुम कली गुलाब की
तुम हो काँटों में पली
तुम्हारी महक जो है
सबको प्यारा लगे

तुम निशानी प्यार की
जो है सब पर छायी
सभी प्रेमियों को तुमने
प्यार करना सिखाई

— Raj

Sublime Inscriptions

79. फूल गुलाब का

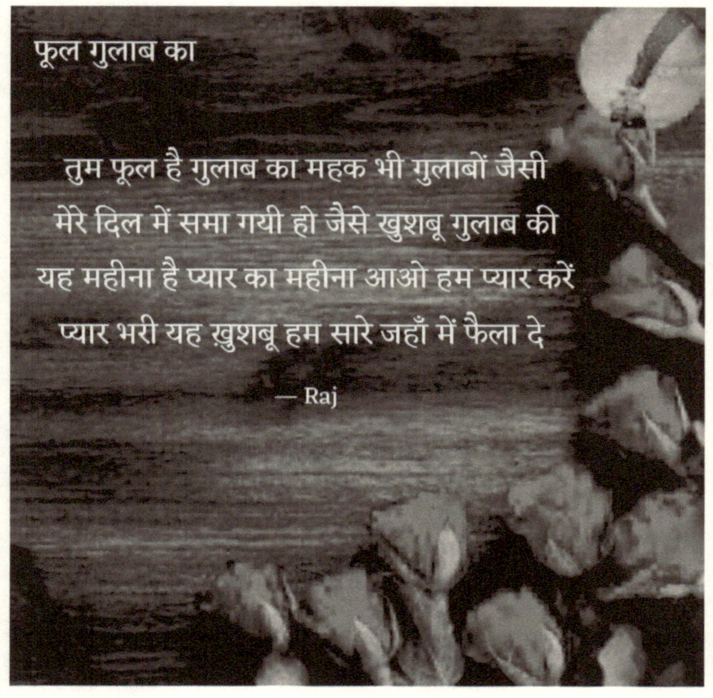

फूल गुलाब का

तुम फूल है गुलाब का महक भी गुलाबों जैसी
मेरे दिल में समा गयी हो जैसे खुशबू गुलाब की
यह महीना है प्यार का महीना आओ हम प्यार करें
प्यार भरी यह ख़ुशबू हम सारे जहाँ में फैला दे

— Raj

80. तुमसे मिलकर

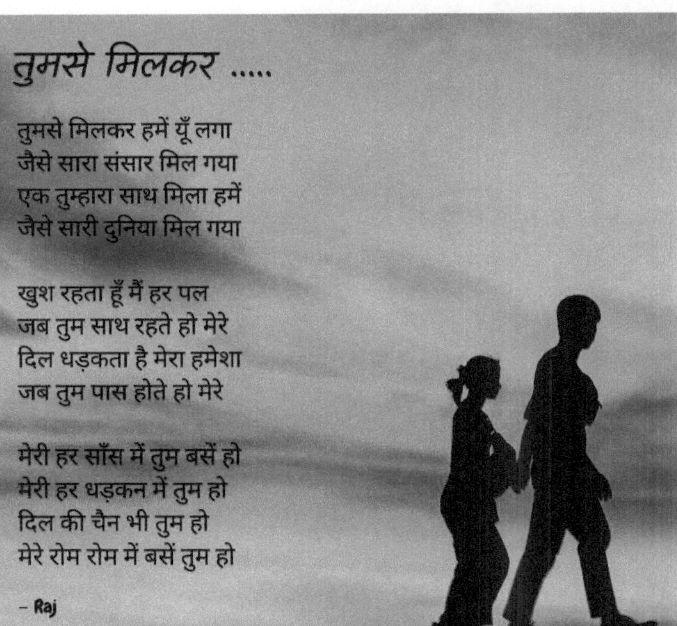

तुमसे मिलकर .....

तुमसे मिलकर हमें यूँ लगा
जैसे सारा संसार मिल गया
एक तुम्हारा साथ मिला हमें
जैसे सारी दुनिया मिल गया

खुश रहता हूँ मैं हर पल
जब तुम साथ रहते हो मेरे
दिल धड़कता है मेरा हमेशा
जब तुम पास होते हो मेरे

मेरी हर साँस में तुम बसें हो
मेरी हर धड़कन में तुम हो
दिल की चैन भी तुम हो
मेरे रोम रोम में बसें तुम हो

– Raj

YourQuote.in

81. उजाला - १

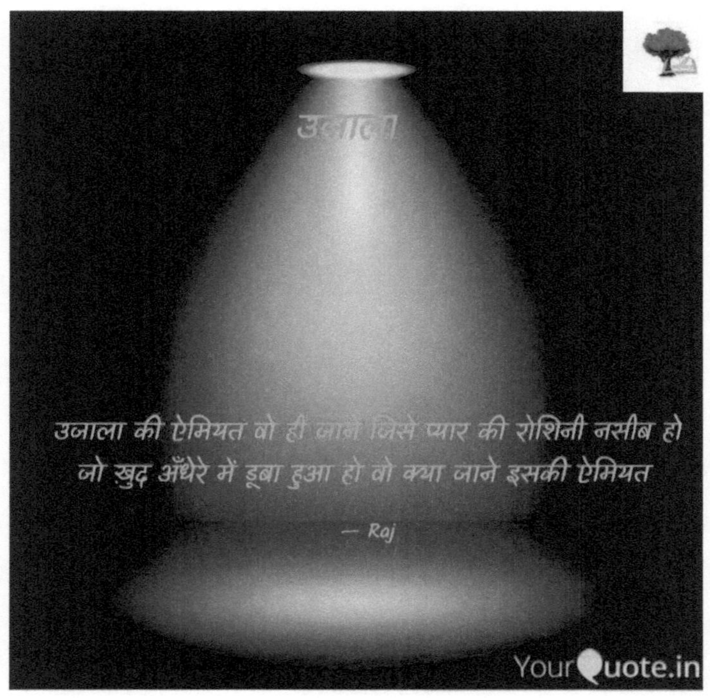

उजाला
उजाला की ऐमियत वो ही जाने जिसे प्यार की रोशिनी नसीब हो
जो ख़ुद अँधेरे में डूबा हुआ हो वो क्या जाने इसकी ऐमियत
— Raj
YourQuote.in

82. उजाला - २

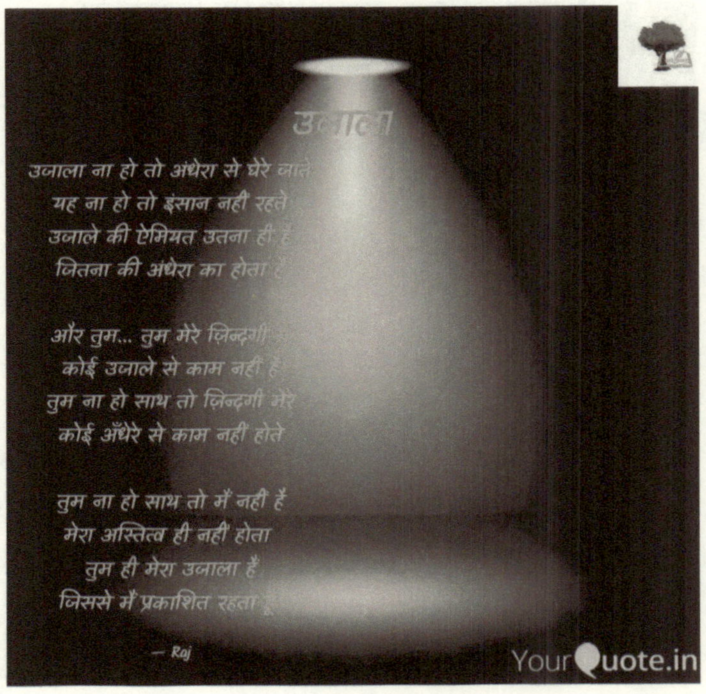

उजाला
उजाला ना हो तो अंधेरा से घेरे जाते
यह ना हो तो इंसान नही रहते
उजाले की ऐमियत उतना ही है
जितना की अंधेरा का होता है

और तुम... तुम मेरे ज़िन्दगी
कोई उजाले से काम नहीं है
तुम ना हो साथ तो ज़िन्दगी मेरे
कोई अँधेरे से काम नहीं होते

तुम ना हो साथ तो मैं नहीं है
मेरा अस्तित्व ही नहीं होता
तुम ही मेरा उजाला है
जिससे मैं प्रकाशित रहता हूँ

— Raj

83. उसके इत्तर की खुशबु

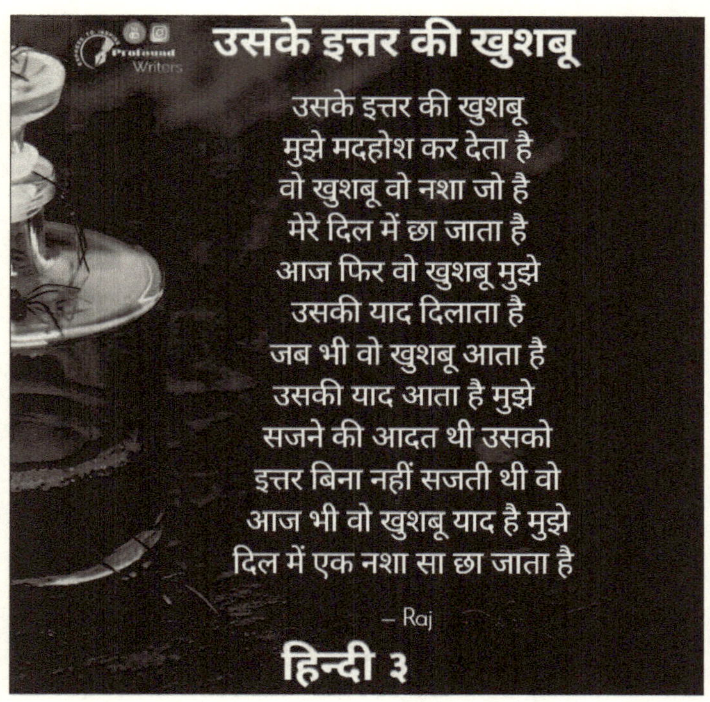

84. ज़िन्दगी

जिन्दगी

वीरान सी हो गया है ज़िन्दगी मेरी, काश तुम्हारा साथ मिल गया होता
हसीन पल गुज़ार लेता हम भी, दुनिया से अलग़ एक मिसाल बनाया होता

– Raj

YourQuote.in

85. ख़त

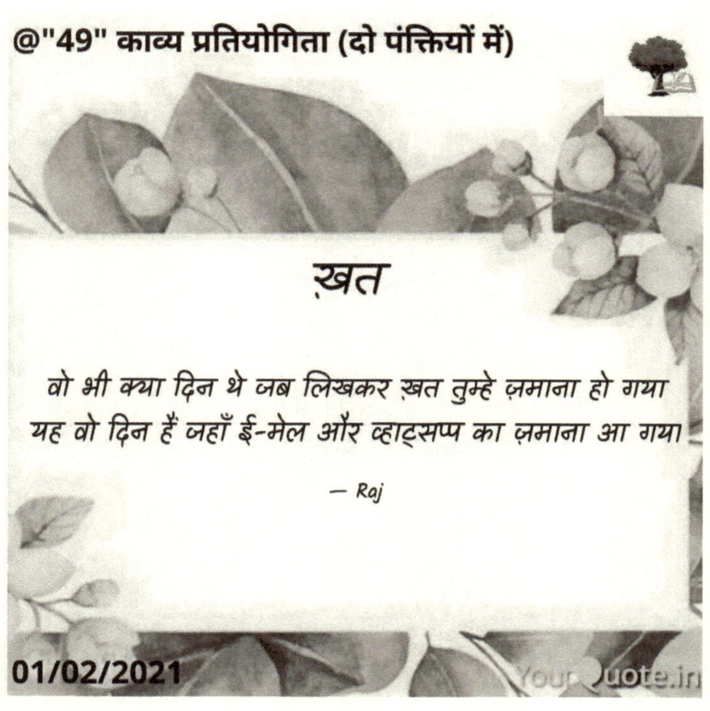

ख़त

वो भी क्या दिन थे जब लिखकर ख़त तुम्हे ज़माना हो गया
यह वो दिन हैं जहाँ ई-मेल और व्हाट्सप्प का ज़माना आ गया

— Raj

01/02/2021

86. बीते पल

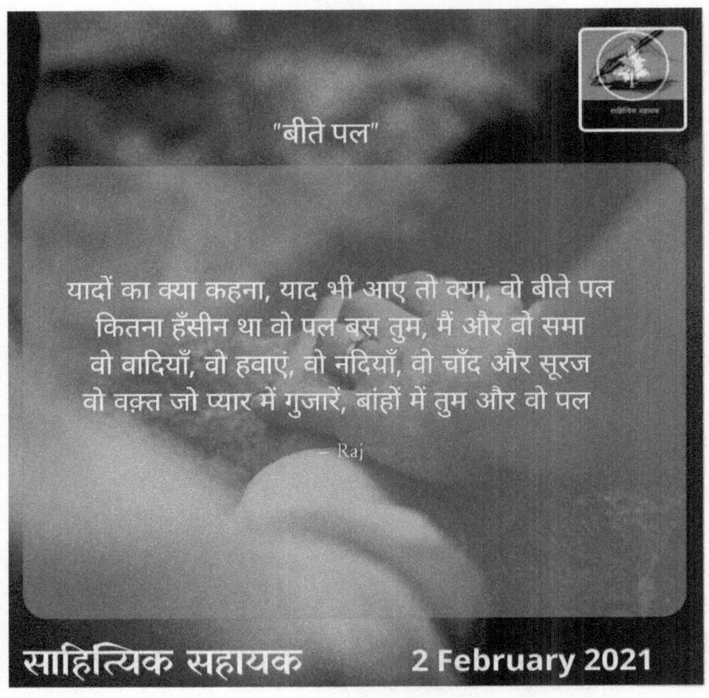

"बीते पल"

यादों का क्या कहना, याद भी आए तो क्या, वो बीते पल
कितना हँसीन था वो पल बस तुम, मैं और वो समा
वो वादियाँ, वो हवाएं, वो नदियाँ, वो चाँद और सूरज
वो वक़्त जो प्यार में गुजारें, बांहों में तुम और वो पल

– Raj

साहित्यिक सहायक   2 February 2021

87. ये दुनिया

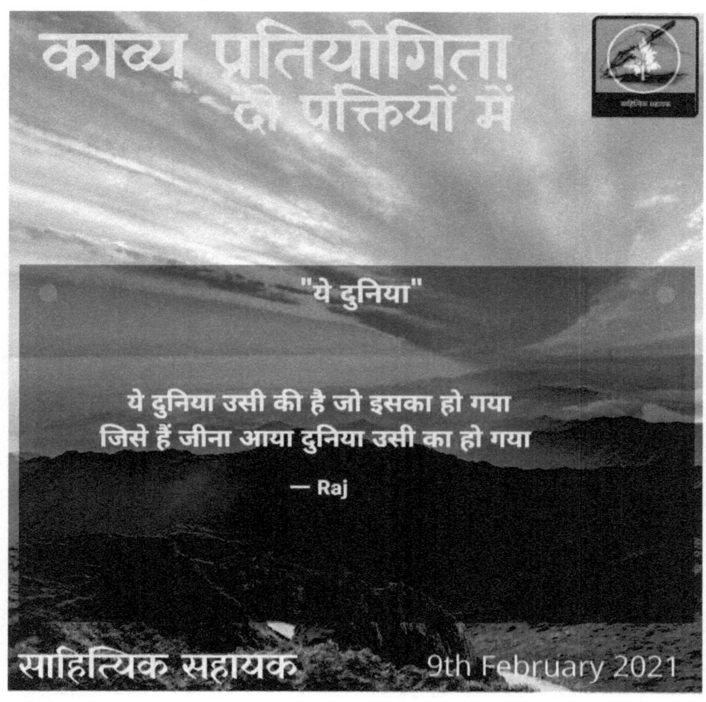

काव्य प्रतियोगिता
दो पंक्तियों में
"ये दुनिया"
ये दुनिया उसी की है जो इसका हो गया
जिसे हैं जीना आया दुनिया उसी का हो गया
— Raj
साहित्यिक सहायक
9th February 2021

88. आदत तेरी

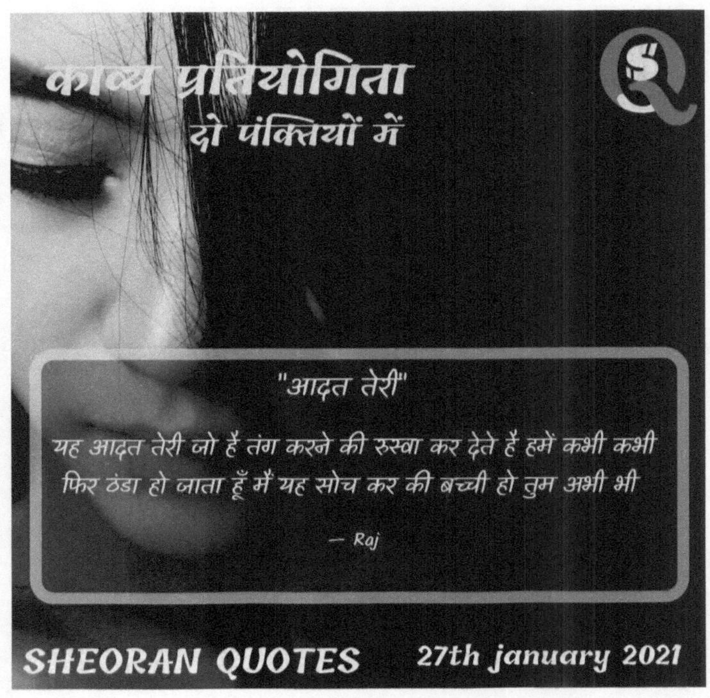
काव्य प्रतियोगिता
दो पंक्तियों में

"आदत तेरी"

यह आदत तेरी जो है तंग करने की रुस्वा कर देते है हमें कभी कभी
फिर ठंडा हो जाता हूँ मैं यह सोच कर की बच्ची हो तुम अभी भी

— Raj

SHEORAN QUOTES   27th january 2021

89. परिवर्तन संसार का नियम

90. लाजवाब किरदार

लाजवाब किरदार (चरित्र चित्रण)

यह दुनिया एक रंग मंच
और हम सब यहाँ किरदार
अपने किरदार निभाने के बाद
किरदार रंग मंच छोड़ जाते हैं
यह सब किरदार है मजेदार
कोई यहाँ गरीब तो कोई अमीर
कोई बुद्धिजीवी तो कोई कम
कोई नेता तो कोई अभिनेता
यह नेता के झूठ सबसे ज्यादा
अभिनेता के अभिनय ज़्यादा
देखकर किसी को हँसी आता
तो कभी किसी को रोना आता
कुछ है फरेब कुछ धोका यहाँ
ईमानदारों की कमी है बहुत
इन सब से झूलता किरदार
यह है यहाँ लाजवाब किरदार

हिन्दी ३

– Raj

91. किसी से कम नहीं

यह जानना बहुत ज़रूरी है
किसी से कम नहीं हो तुम
तुम में भी वही कशिश हैं
जो सब लोगों में होते है

अपनी हुनर की दिखाओ
सब की नज़र से ना छुपाओ
जो कुछ बने वो आजमाओ
सब के दिल में जगह बनाओ

— Raj

YourQuote.in

92. दोस्ती का सफ़र

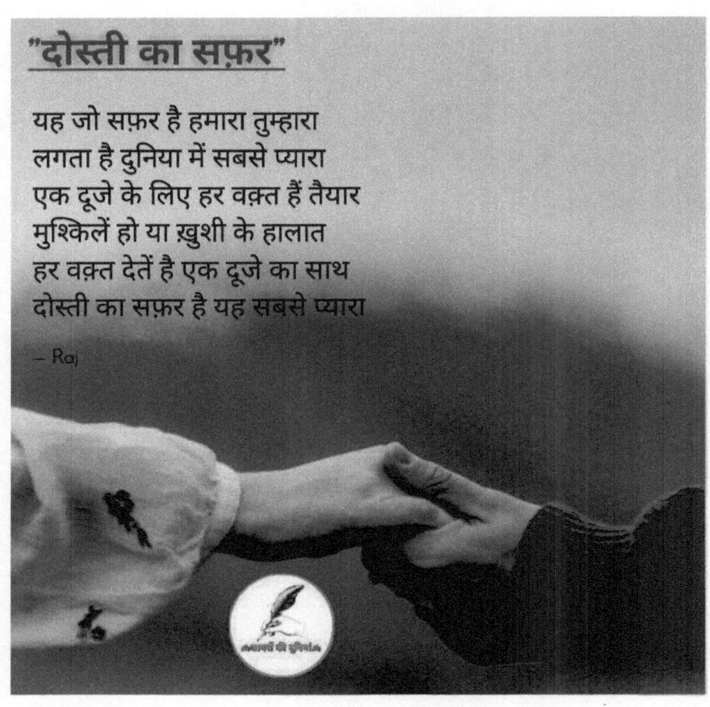

"दोस्ती का सफ़र"

यह जो सफ़र है हमारा तुम्हारा
लगता है दुनिया में सबसे प्यारा
एक दूजे के लिए हर वक़्त हैं तैयार
मुश्किलें हो या ख़ुशी के हालात
हर वक़्त देतें है एक दूजे का साथ
दोस्ती का सफ़र है यह सबसे प्यारा

– Raj

93. ख़ामोश नज़र

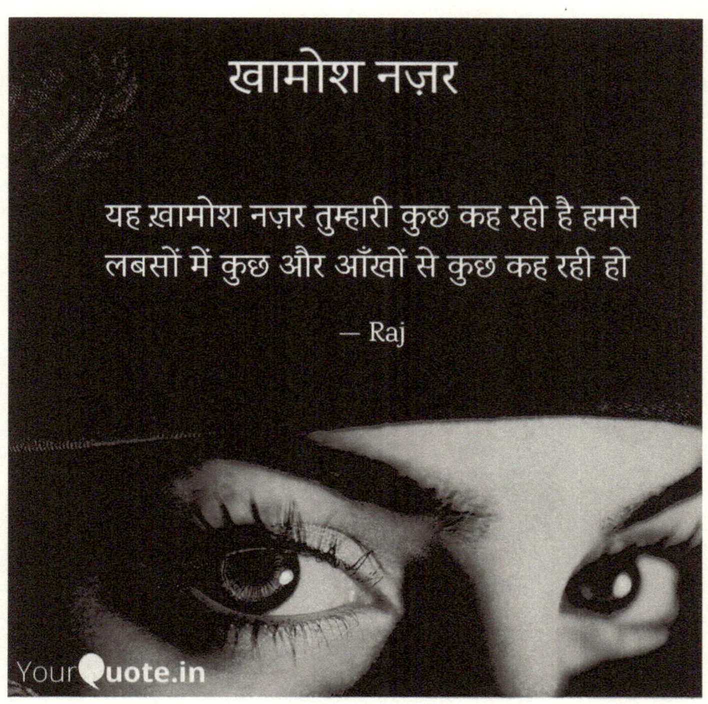

खामोश नज़र
यह ख़ामोश नज़र तुम्हारी कुछ कह रही है हमसे
लबसों में कुछ और आँखों से कुछ कह रही हो
— Raj
YourQuote.in

94. ये ख़ामोश रातें...

ये ख़ामोश रातें....

यह ख़ामोश रातें
कहते बहुत कुछ है
रात के अफसाने है
यह कहते कोई नही

दिन के उजाले में
जो नही हो सकता
वो रात के अफसने
बनकर दम लेता है

दीखते यह ख़ामोश है
पर अफसने बहुत हैं
अंधेरों के आढ़ में
होते बहुत कुछ हैं

—Raj

95. आँखें

आँखें

यह क़ातिल आँखें जो तेरी न जाने कितने घायल हुए
इसके मदहोश नज़र में कितने होश गवा बैठे
इश्क़ के इस समुन्दर में कितने गोताखोर बने
इन नशीली आखों के नशे में सब दीवाने हो गए

— Raj

96. उड़ते हुए ख़त

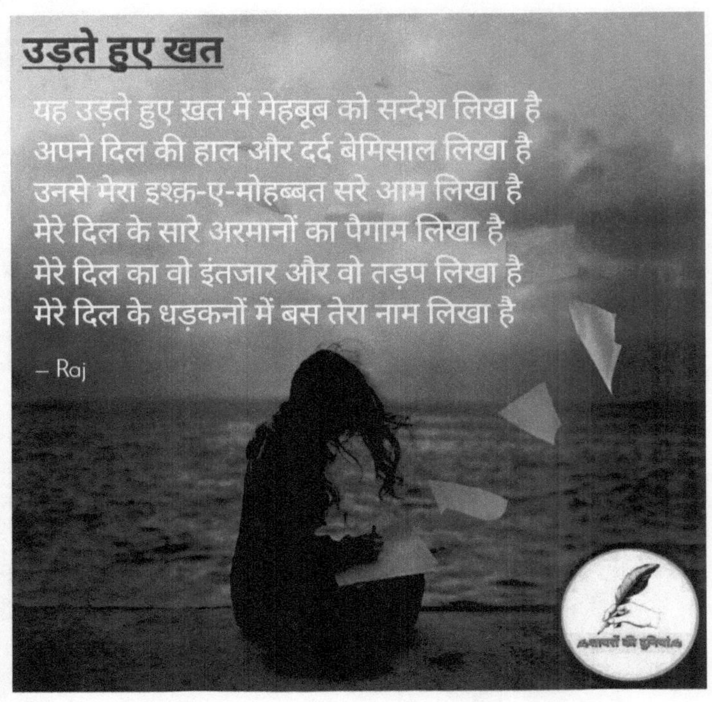

उड़ते हुए खत

यह उड़ते हुए खत में मेहबूब को सन्देश लिखा है
अपने दिल की हाल और दर्द बेमिसाल लिखा है
उनसे मेरा इश्क़-ए-मोहब्बत सरे आम लिखा है
मेरे दिल के सारे अरमानों का पैगाम लिखा है
मेरे दिल का वो इंतजार और वो तड़प लिखा है
मेरे दिल के धड़कनों में बस तेरा नाम लिखा है

– Raj

97. सफ़र

काव्य प्रतियोगिता
दो पंक्तियों में
साहित्यिक सहायक
"सफ़र"
ज़िन्दगी का यह सफ़र मंज़िल तक ही होती है
बात जो समझ गये वो बिन रुके चलते रह गये
— Raj
साहित्यिक सहायक
1st february 2021

98. मासूमियत बचा कर रखना

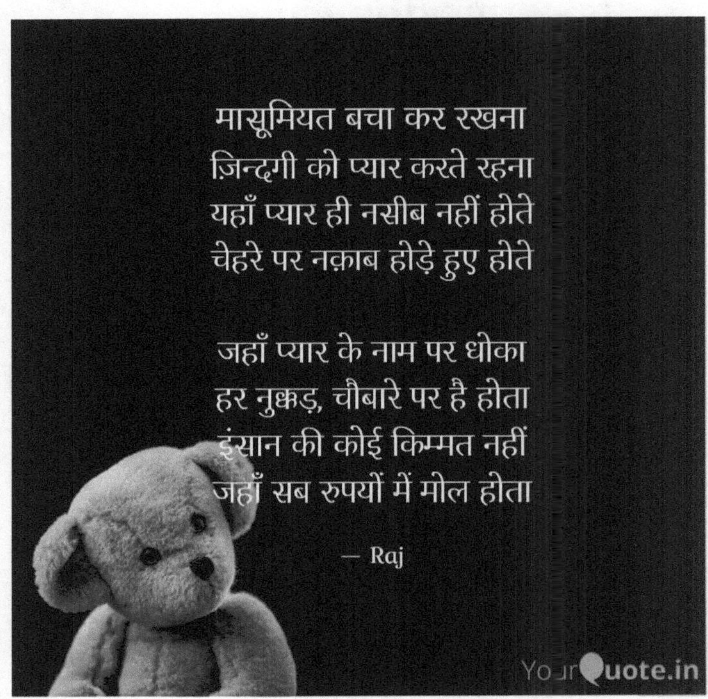

99. ज़ख्म...

ज़ख्म....

ज़ख्म जो खाया है मैंने इश्क़-ए-मोहब्बत में
कैसे दिखाऊ मैं तुम्हे घाव कितने गहरे हैं

— Raj

YourQuote.in

100. ज़माना

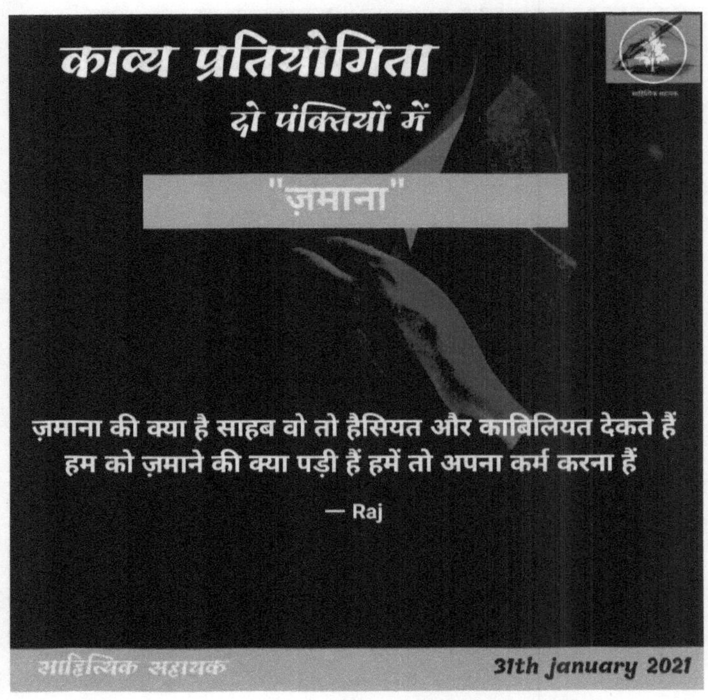

काव्य प्रतियोगिता
दो पंक्तियों में
"ज़माना"
ज़माना की क्या है साहब वो तो हैसियत और काबिलियत देकते हैं
हम को ज़माने की क्या पड़ी हैं हमें तो अपना कर्म करना हैं
— Raj
साहित्यिक सहायक
31th january 2021

अस्वीकरण

सभी रचनाएँ कल्पना पर आधारित हैं। इसका लेखक के जीवन या ब्रह्मांड में किसी से कोई लेना-देना नहीं है। सभी लेख काल्पनिक हैं और किसी जीवित या मृत व्यक्ति से कोई समानता नहीं है। यदि कोई समानता है तो यह मात्र संयोग है।

लेखक की जीवनी

श्री के.सी. श्रीराज मेनन, जिनका जन्म केरल के एक संपन्न परिवार में 09 सितंबर 1973 को श्री कोझीपुरथ संकुन्नी मेनन और श्रीमती किज़हारा चालापुरथ सेथुलक्ष्मी मेनन के घर हुआ और महाराष्ट्र में अधिवासित हैं। वह बचपन से ही तेज-तर्रार शायरी करते थे, कहते और भूल जाते थे। एक बार उनके एक करीबी दोस्त ने इस पर गौर किया और उन्हें जो भी कविताएँ या उद्धरण कहते थे, उन्हें लिखने के लिए मजबूर किया और तब से उन्होंने लिखना शुरू कर दिया। उन्होंने अपनी कविताओं और उद्धरणों को अपने और अपने करीबी दोस्तों के पास तब तक सीमित रखा जब तक उन्हें अपने कामों को ऑनलाइन लिखने के लिए एक मंच नहीं मिला। वह Your Quote साइट पर एक सक्रिय लेखक हैं और उन्हें प्रतियोगिता के लिए कई प्रशंसापत्र और प्रमाणपत्र प्राप्त हुए हैं। वह एक बहुभाषी लेखक हैं और उनका लेखन विस्मयकारी है। चाहे वह अंग्रेजी, हिंदी, उर्दू, मलयालम और मराठी हो, वह सभी भाषाओं में उत्कृष्ट है। वह कई दिलचस्प लेखकों के लिए एक बड़ी प्रेरणा भी हैं। वह मुंबई विश्वविद्यालय से स्नातक हैं। वह एक एकाउंटेंट हैं और एक स्व-शिक्षित कंप्यूटर इंजीनियर भी हैं। उनके कौशल शीर्ष पायदान पर हैं और उनके पास कई प्रमाणपत्र हैं। अभिनय, लेखन, पेंटिंग और नृत्य और संगीत सुनना आदि... आदि उनके जुनून हैं।
Mail Id: shreeraj_m@yahoo.co.uk

www.ingramcontent.com/pod-product-compliance
Lightning Source LLC
Chambersburg PA
CBHW051225160726
47994CB00002B/752